カラー版

史実としての三国志

監修 渡邉義浩
執筆 袴田郁一

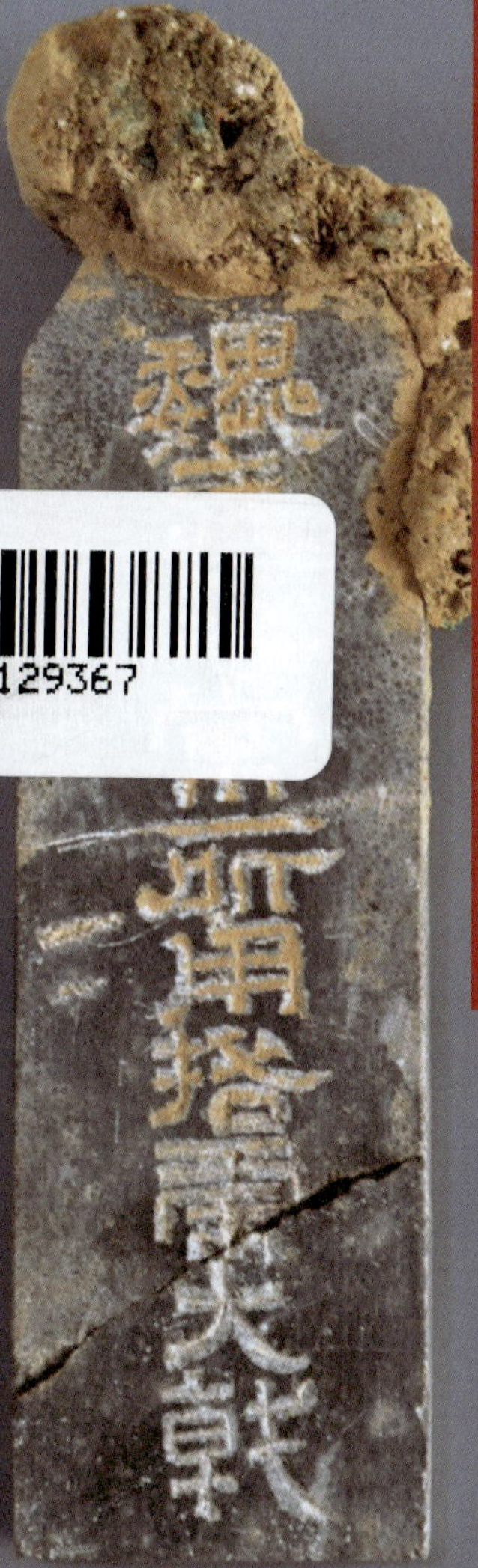

石牌「魏武王常所用挌虎大戟」
(写真／アフロ)

宝島社新書

まえがき

私たちが「三国志」と言う時、そこにはふたつの意味が含まれています。ひとつは、一八〇〇年前の三国時代の歴史のこと。もうひとつは、その歴史を題材にした物語としての「三国志」です。

現代、日本では「三国志」がさまざまなメディアを媒体に創作され続けています。ともすれば、その作品数と作風の幅は本場の中国にも勝るとも劣りません。

一般の方々にとって、「三国志」と言われてイメージするのは、こちらの物語としての「三国志」だと思います。仁義の君主・劉備《りゅうび》を主人公として、それを支える軍師諸葛亮《しょかつりょう》、豪傑関羽《かんう》・張飛《ちょうひ》・趙雲《ちょううん》たち、それに立ちはだかる破格の奸雄《かんゆう》・曹操《そうそう》、劉備・曹操の間で立ち回る第三極の孫権《そんけん》。日本人にもよく知られた彼らのイメージは、およそ六〇〇年前に作られた中国の古典小説『三国志演義《さんごくしえんぎ》』をルーツとします。

一方、本書がテーマとするのは、一八〇〇年前の史実としての「三国志」です。

歴史の国とも言われてきた中国は、司馬遷《しばせん》の『史記《しき》』の昔より、大部の歴史書を数多く編纂《へんさん》してきました。三国時代当時に書かれた陳寿《ちんじゅ》の歴史書『三国志』もそのひとつです。この歴史書を紐解き、さらに現在まで積み重ねられてきた歴史学研究の知見を踏まえることで、物語ではない「史実」の三国時代を浮かび上がらせることが、本書のテーマです。

その史実としての「三国志」を見る時、やはり注目されるのは曹操という人物の存在でしょう。物語での曹操は、倒すべき悪役として長らく貶《おとし》められてきました。その物語の歴史の是非は言うべきではないでしょう。しかし歴史書で描かれる曹操は、物語とは大きく異なり、非常に英邁《えいまい》で多才、そして革新的な英雄です。また、二〇〇九年に曹操の墓が発見されたことにより、その実像が明らかにされつつあります。本書は、その曹操の実像に一歩でも近づくことを目的のひとつにします。

また、史実としての三国志、実像としての曹操像に迫ることは、一方では物語としての三国志の新たな楽しみを発見することにもつながると私は考えています。物語が根拠とする史実を知ることにより、その物語がいかにして生まれたかを知ることができます。なぜ劉備は善玉とされたのか。なぜ曹操は悪役でなくてはならなかったのか。

本書が三国志の史実を知る手がかりになれば、そして三国志の物語の深みを知る手掛かりになれば、それに勝る喜びはありません。

筆者

カラー版 史実としての三国志　目次

第二章 三国時代のはじまり

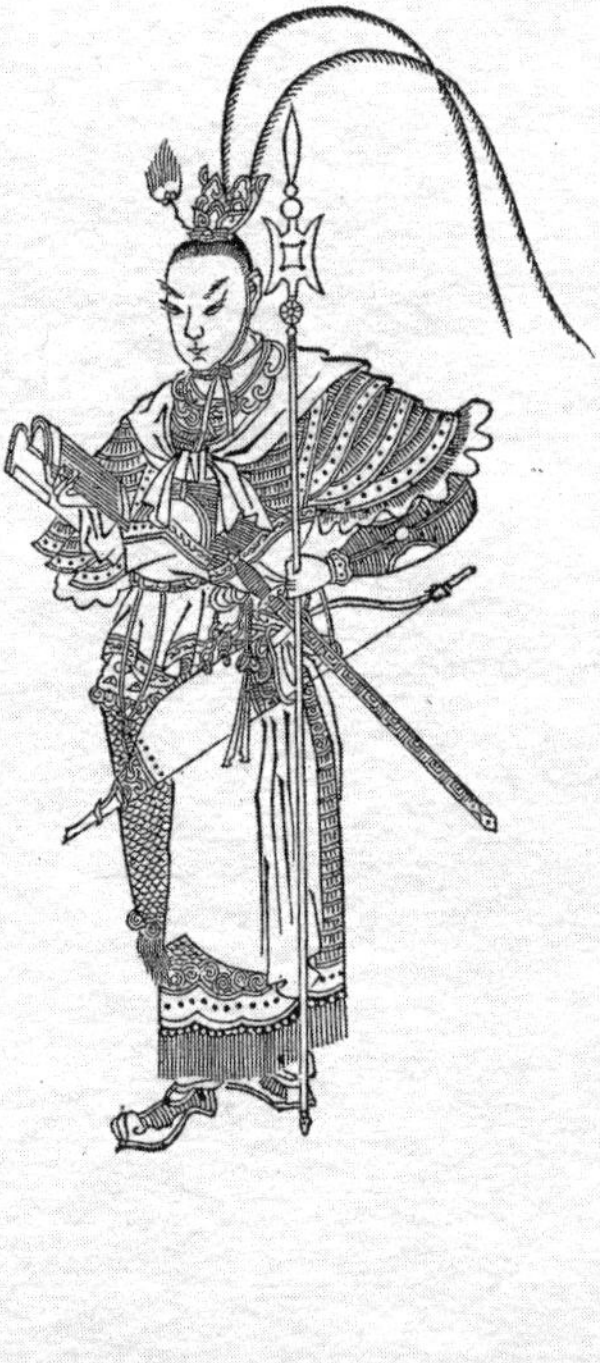

第四章　赤壁に至る道……109

第五章 三国鼎立 143

第六章 奸雄の死、諸葛亮の北伐 175

第一章

曹操高陵に遺された
曹操の先進性とふたつの三国志

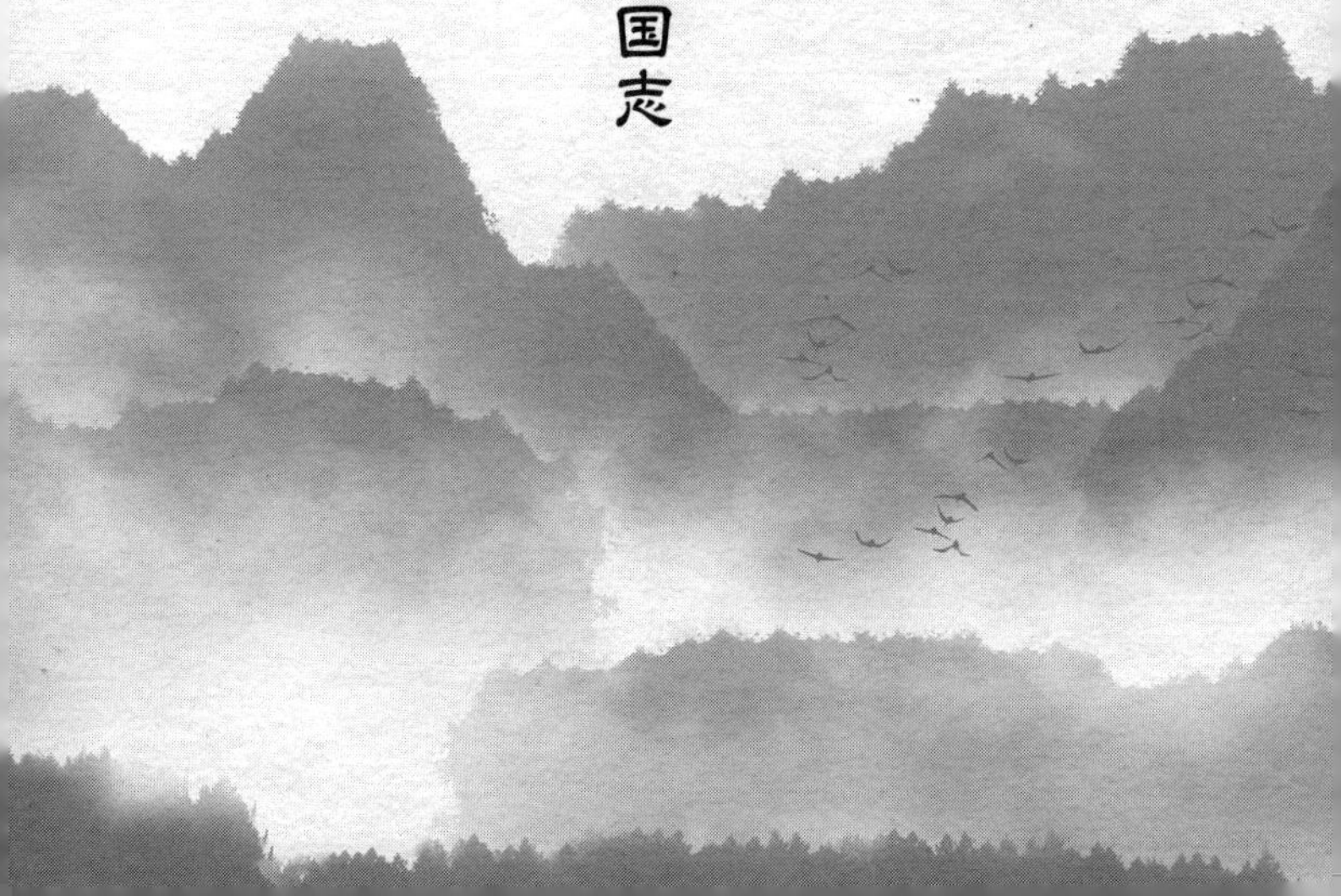

曹操墓の発見

二〇〇九年十二月、中国の河南《かなん》省安陽《あんよう》市にて曹操《そうそう》のものと思われる後漢の王侯の墓が発見され、中国国内のみならず、日本の三国志ファンにも大きな衝撃が走った。

——と、よく言われるけれど、はて本当にそうだったかなと今思い返してみて首をかしげる。その頃の私はすでにその三国志ファンのひとりだったが、少なくとも個人的な感情で言えば、驚愕とか興奮とかよりも「本当なのだろうか」という気持ちの方

曹操高陵とされる西高穴2号墓の墓道と墓室（写真／渡邉義浩）

がずっと大きかった。正直、こうして書いている今でさえも半信半疑でいる。
と言ってもそれは別に曹操墓が本物か偽物かというような専門的な疑問ではなくて、そのニュースをどう受け止めたらいいのか、どう呑み込んだらいいのかわからないという、一種の戸惑いだったと思う。

中国ではここ数十年の間、その経済成長に伴い、非常に多くの考古学的発見があった。一部は私たち文献学の領域にまで巨大な影響を与えている。『孫子《そんし》』と『孫臏《そんぴん》兵法』を含むことで話題になった銀雀山漢簡《ぎんじゃくざんかんかん》、まるで生きているかのような二千年前の女性の遺体とともに発見された馬王堆漢墓《まおうたいかんぼ》の『老子《ろうし》』帛書《はくしょ》、失われた秦漢代の歴史書や律令を含む睡虎地秦簡《すいこちしんかん》・張家山漢簡《ちょうかざんかんかん》、焚書以前の古い儒教の片鱗を窺わせる清華《せいか》大学蔵の戦国竹簡《ちくかん》、北大漢簡《ほくだいかんかん》、嶽麓書院蔵秦簡《がくろくしょいんぞうしんかん》……。漢代以前に限定しても、挙げきれないほどの発見とめざましい進歩があった。現在の古代中国研究では、歴史学であれ哲学であれ、これらの考古学的成果を踏まえることは常識になっている。

ところがそんな中で、どういうわけか三国時代に関わる発見だけが、ほとんど出てこなかった。三国当時の戦乱のせいか、あるいは三国時代が六十年ほどと短すぎるせいか。

もちろんまったくのゼロでもなくて、たとえば本人の名刺も出土したことで有名な呉の朱然《しゅぜん》の墓、後述する「銀縷玉衣《ぎんるぎょくい》」が見つかった曹氏一族の墓、または長沙走馬楼《ちょうさそうまろう》呉簡《ごかん》という呉の一地方の行政書類の塊《かたまり》とか、そういう発見もないではなかった。けれどもそれらは残念ながら、三国時代の研究史に決定的な変化を与えるような種類のものには（現在のところ）なっていない。十年と少し前、東京富士美術館で「大三国志展」という三国志だけにスポットを絞った意欲的な展覧会があって、中国からも多数の国宝級文物を借り受けるという力の入れようだったのだが、しかし実際の三国時代の文物そのものはごくごく限られていたために、企画側は相当頭を悩ませたという。そのくらい、三国時代に関する考古学的発見は少なかったし、またそのことは専門家だけでなく三国志ファンの間でもそれなりに知られた常識だった。

曹操墓の発見はそんな状況の中でもたらされた、まさに破天荒の出来事だった。つい昨日まで、三国時代には朱然の名刺くらいしかない（朱然ファンには申し訳ない）と思っていたところに、突然三国時代の墓が見つかって、しかもそれは他でもない曹操その人のもので、しかも埋葬者と思《おぼ》しき人骨まで発掘されたと言う。驚くこともできなかった三国志ファンの驚きと戸惑いがわかっていただけるだろうか。

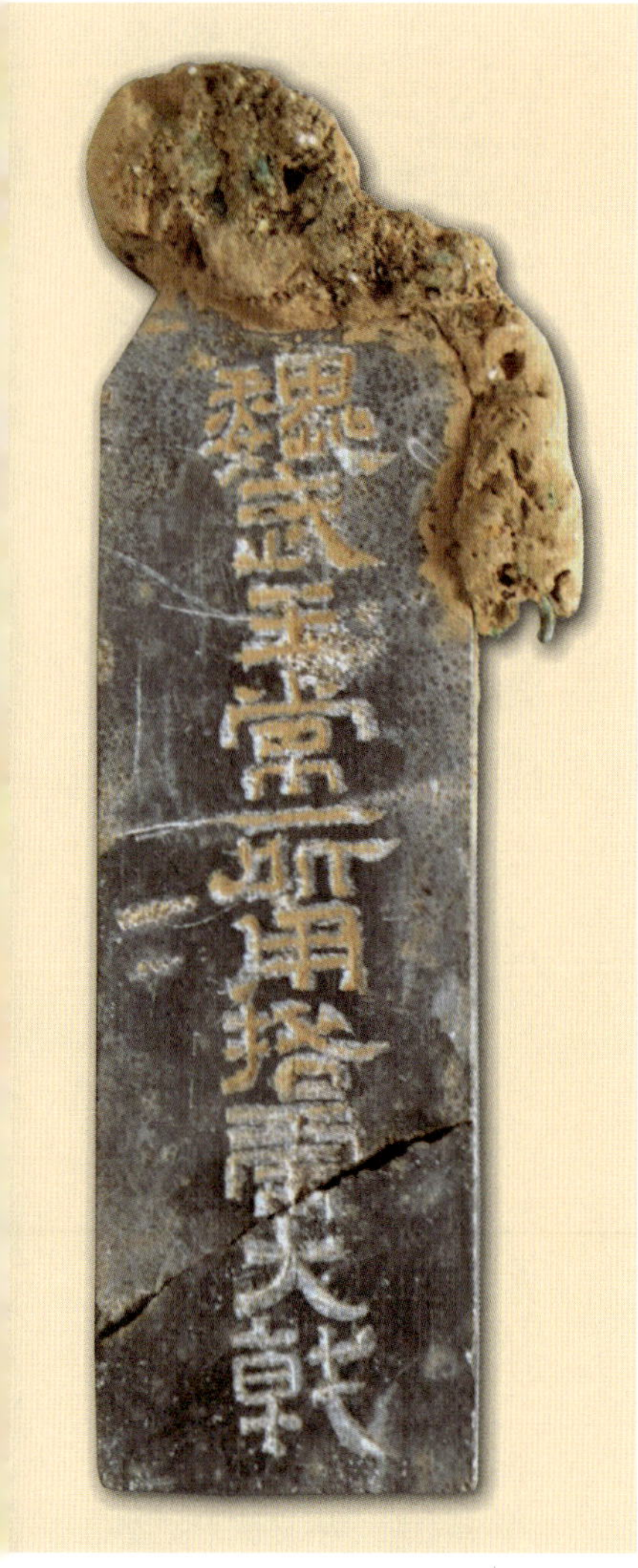

真偽をめぐって

曹操墓が発見されたのは、河南省安陽市の西高穴《せいこうけつ》村という、人口二千人にも満たない小村だった。発見地の名前を取って、正式には西高穴二号墓と呼ぶ。残念ながら度重なる盗掘の被害により（発掘調査中ですら盗掘の恐れが絶えなかったという）、多

石牌

「魏武王常所用挌虎大戟」

訳すと、「魏武王」は曹操。「常所用」とは常に用いる=愛用の品。「挌」は格闘。「虎」はトラ。「挌虎」でトラと戦える力を持った人物をさすと思われる。「大戟」は大きな戟。戟は敵を打ち据えるピッケルと矛の役割を持った武器。つなげれば「魏の武王(曹操)が愛用した大戟」となる(写真/アフロ)。

発掘された曹操の頭蓋骨

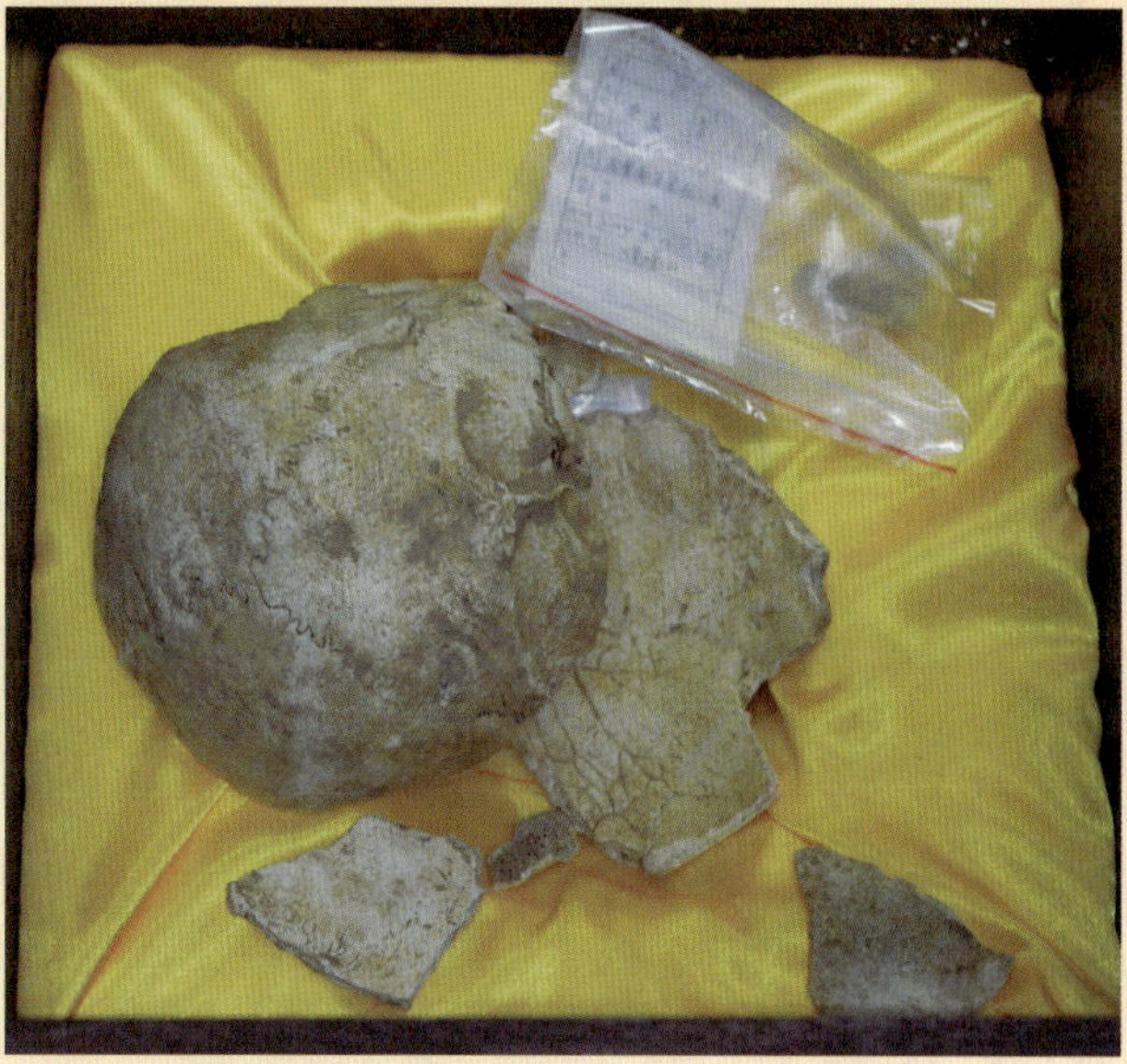

(写真/渡邉義浩)

くの埋葬品はすでに失われていたが、それでも墓主と思われる人物を含む三人分の頭骨や、墓主を特定する手がかりとなるいくらかの文物が発見された。

このうち、西高穴二号墓が曹操墓に同定された最大の根拠のひとつが、「魏武王常《ぎのぶおうつねに》所用挌虎大戟《もちいるところのかくこだいげき》」と書かれた石牌《せきはい》であった。魏の武王、つまり曹操が用いた大戟という意味の文章で、おそらく副葬品につけられたタグだったのだろう。故人曹操愛用の品が納められていたのならば、この墓主もまた曹操自身である可能性は高い。この他にも、「魏武王常所用慰項石《いこせき》」（魏の武王が用いた慰項石。曹操の持病であった頭痛を和らげるためのものらしい）と書かれた石枕をはじめ、曹操ゆかりの品がこの墓に納められていたことを示す証拠がいくつも出土した。また、発見された頭骨のうち二つは女性のもの、一つは六十代ほどの男性のものとわかった。曹操は六十六歳で没している。

しかし反論もすぐさま起こった。とくに「魏武王常所用挌虎大戟」の石牌に疑問が呈された。中国には、亡き君主の遺品を臣下が賜わる慣習がある。ゆえに曹操の遺品を下賜《かし》された重臣が、栄誉の証としてそれを自分の墓に納めたとしても不思議はないのではないかと。具体的に言えば、股肱《ここう》のなかでもとくに曹操と親しく、かつ曹操が没してわずか四ヶ月後に死去した夏侯惇《かこうとん》の墓の可能性があった。そのため西高穴二号墓が本当に曹操墓であると証明するためには、この墓が夏侯惇を含む「曹操の遺品を賜りうるような重臣」の墓ではないことが証明される必要がある。

もちろん、西高穴二号墓を曹操墓と見なす根拠も石牌のみではない。墓の規模や形態から、これが後漢晩期の王侯クラスの人物の墓であることは間違いないようであるし、それに墓の発見された西高穴村は、古い歴史記録や伝承で曹操墓があるとされた地点からも大きく外れない。

またもし、たといこれが夏侯惇の墓であったとしても、それは曹操の「陪陵《ばいりょう》」（君主の墓の周囲に陪葬された重臣諸侯の墓）であろうから、つまりこの付近に曹操墓本体がある可能性はかなり高い。

このように、調査報告を見る限りではこれが曹操墓である蓋然性はかなり高いように思われるが、それでも決定的な考古学的証拠は見つかっていないようである。十年を経た現在でも、真贋論争は決着を見ていない。なかなかにもどかしいが、こればかりはモノがあちらにあるので、中国での研究の進展を待つばかりである。

薄葬《はくそう》の墓

ただ考古学的な議論は難しいとしても、一方で文献学の方面からのアプローチはできないでもない。本書の監修である渡邉義浩は、文献史料（当時の歴史書など）から明らかにできる曹操の生涯や政治思想、当時の儀礼規範に照らして、西高穴二号墓は曹操墓であってもおかしくない、言い換えれば、西高穴二号墓はとても曹操らしい墓だ、と言っている。

たとえば、西高穴二号墓からは玉製品がほとんど見つかっていない。大半は鉄器や陶器や石製器、あるいはわずかな金銀製装飾のかけらくらいだという。もちろん、すでに盗掘されているのだから高価な玉製品がないのは当然と言えば当然だが、しかし品物は盗めても、それが納められた痕跡までは盗掘者に隠すことはできない。そして西高穴二号墓からはその痕跡も見つかっていない。とくに渡邉は、「玉衣《ぎょくい》」がないことに注目する。

玉衣とは、字の通り玉片をつづり合せてつくる衣で、死者の肉体が永遠に保たれる

曹操高陵の平面図

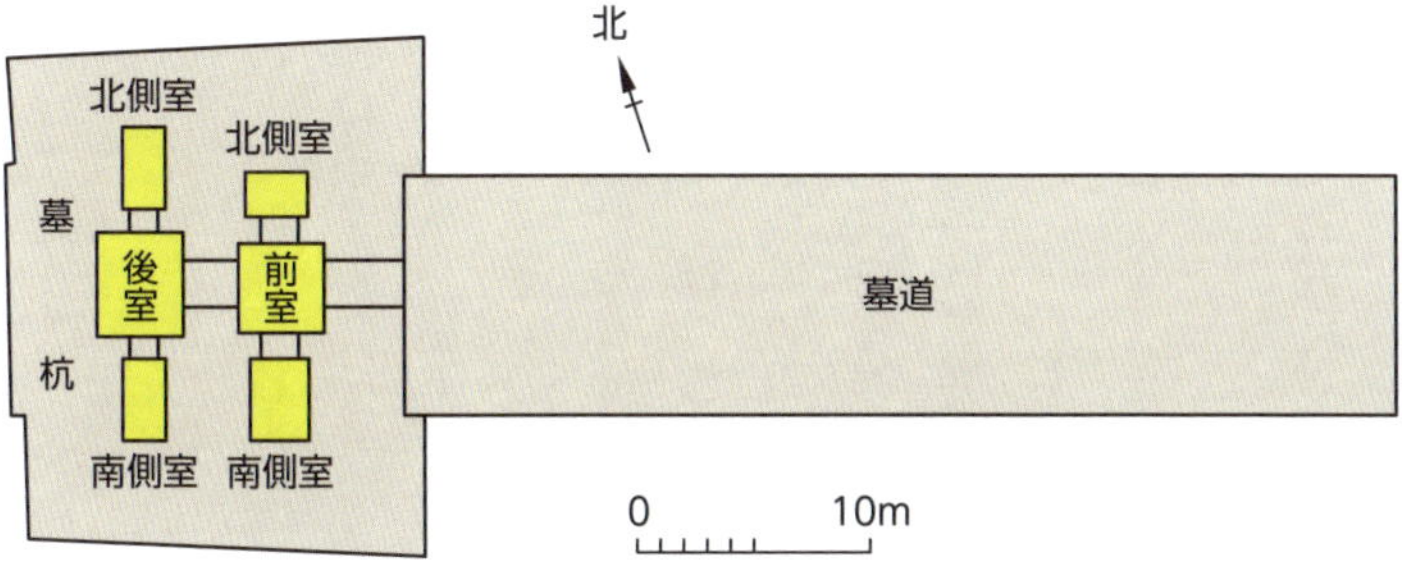

墓は平面が甲字形の多室磚室墓である。ほぼ長方形で、東西の長さは18メートル。東側の最大幅は22メートル。面積は約400平方メートル。39.5メートルの墓道のスロープの先には墓室、側室がある。

西高穴の場所

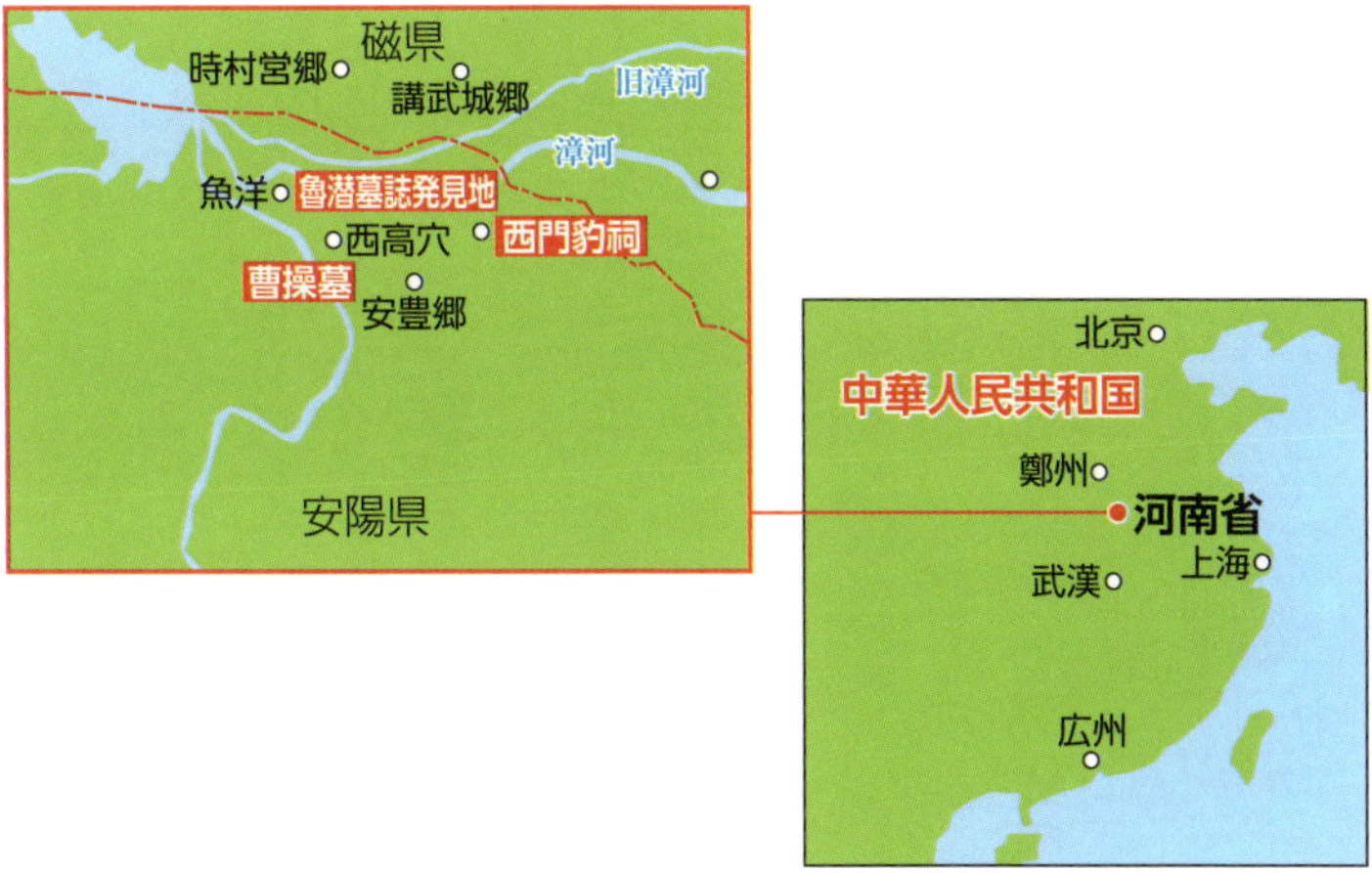

ことを願って遺体にかぶせられる。しかしなにせ遺体の全身をすっぽり覆うものなので、用いられる玉片の数が尋常ではない。現存する玉衣のひとつである中山靖王劉勝《ちゅうざんせいおうりゅうしょう》のそれは、二四九八枚もの玉片でつくられている。しかも玉片と玉片をつづるのは金糸もしくは銀糸で、その金の重量だけで一キロを越えることもある。金糸でつづる玉衣であるため「金縷玉衣《きんるぎょくい》」と言う。もちろん、並大抵の士大夫《したいふ》には決して許されない、王侯クラスの埋葬でのみ用いられる超高級品である。

そして魏王たる曹操には、玉衣を纏《まと》って埋葬される資格があった。実際、すでに発見されていた曹操一族の墓からは、曹操の養祖父である曹騰《そうとう》のものと思しい「銀縷玉衣」が見つかっている。それにも関わらず、西高穴二号墓からは玉片のかけらも見つかっていない。当時の最高権力者の墳墓《ふんぼ》としては、似つかわしくないくらいに西高穴二号墓の副葬品は質素なのである。

その理由は——もちろんこの墓が曹操墓であるという仮定の上でのことだが、曹操の遺言にある。

曹操の遺令に曰く、「天下はなお未だ安定せず、葬儀を古式に則ることはできない。

埋葬が終われば、みな喪に服するのを止めよ。将兵のうち駐屯している者は、みな屯営を離れてはならぬ。官吏はそれぞれ己の職分を執り行え。遺体を包むには平服を用い、金や玉や珍宝を入れるな」と。

『三国志』巻一 武帝紀

曹操はその遺言にて、自分の遺体は平服で包め、つまりは金縷玉衣の類を用いるなと指示していた。さらに副葬品に金や玉を納めることも禁じ、また臣下が喪に服するのも最低限にして職務に支障をきたさぬよう命じている。当時の常識からすると相当に簡略な葬送を、曹操は遺令として言い遺していたのである。このような簡素な葬送を「薄葬」と言い、この遺令は「薄葬令」とも呼ばれる。

曹操が平時から豪奢を嫌っていたことは、正史『三国志』のみならず複数の歴史書にも記録されており、薄葬令にはそんな曹操らしい飾り気のなさや合理性が表れている。現代的な感覚で言っても、読む者に素朴な好感を抱かせる遺言だと思う。

ただ、これを当時の埋葬儀礼の規定に照らすと、単なる曹操の個人的趣向を越えた政治的色彩が見えてくる。

変革者の片鱗

曹操の生きた後漢においては、国教（国家の規範となる思想）である儒教により、厚葬《こうそう》――盛大な墓を築き、副葬品には莫大な金銀財宝を納める手厚い葬儀こそが尊ばれた。もちろん『論語』には孔子の言葉として、「礼は贅沢であるより質素にし、喪は万事を整えるよりも悼み悲しむ心が重要だ」（『論語』八佾《はちいつ》）とあるが、現実には儒家の葬儀は豪勢を極めた。儒家の宿敵である墨家は、その厚葬ぶりを社会の労力の無駄遣いであると批判した（『墨子』節葬下）。墨家は儒家とは真逆に薄葬を尊ぶ。

しかし儒教が厚葬を尊ぶのは、たとえば権威主義だとか形式主義だとかそういう側面があるのも事実だが、何より建て前では、それが亡くなった親に対する孝行の心の表れだったためである。親のために葬儀を手厚くすればするほど、それは遺された子の「孝」の厚さとして、社会から高く評価された。葬儀の豪華さだけではない。服喪についても儒教には厳格な規定があり、親の死の場合には三年の喪に服することが経典により定められた。服喪の間は出仕などの社会活動を停止して粗末な喪屋に籠り、

発掘された鉄鏡

曹操墓で発掘された鉄鏡（写真／渡邉義浩）

質素な食事をし、もちろん異性は近づけない。喪中に薬を服することすら、親を悼むよりも自分の身体を気づかったとして非難された。すべては「孝」の表現のためである。

そして漢代（とくに後漢）では、「孝」のような儒教的美徳はただの人柄の良し悪しの問題を越えて、人間の才能を測る直接的な基準とされた。具体的に言うと、後漢では「孝廉《こうれん》」という官僚登用のシステムがあった。

孝廉とはその名の通り、人材の「孝（親に仕える誠心）」と「廉

（清廉さ）」を評価の基準にするもので、後漢ではもっとも広く行われた登用制度であった。当時の高級官僚のほとんどがこの孝廉を経て登用されており、事実曹操もまた弱冠にして孝廉に挙げられることで官僚生活をスタートさせている。

当時において「孝」などの徳目を具えることは、そのまま人間としての優秀さを具えることを意味し、かつそうした建て前が人材登用という国家制度の根幹に据えられていた。それゆえ、官僚としての出世を志す者が、優秀さの証明として過剰な「孝」を示すことも少なくなかった。袁紹《えんしょう》が規定の倍の六年の喪に服したことはまだ軽い方で、二十年以上も喪に服し続けた人物の記録もある。それだけ、徳と才とは不可分である、というのが当時の儒教の常識、ひいては知識人層に共有された常識であった。

話を曹操に戻すと、つまりそうした常識が共有されていた中で、曹操という天下人が遺言で薄葬を命じたことは、おそらくはきわめて大きな社会的意義があった。言葉を換えれば、曹操の薄葬令は儒教によって常識化された価値観に対する挑戦であった。

薄葬令だけではない。曹操はその生涯のなかでいくたびも、国家の正統思想たる儒教に対し疑問を投じている。ある時は儒教の形骸化した儀礼のあり方について、またある時は先述の徳こそ才とする評価基準について。曹操の生涯は、儒教という旧時代を象徴する思想との対決の連続だったとも言えるかもしれない。

その意味で薄葬令は——西高穴二号墓は、儒教と対峙した変革者、曹操の生涯の終着点としてふさわしい。渡邉義浩の言う西高穴二号墓の曹操らしさとは、そういう意味合いにおいてである。曹操は死ぬまで曹操だったのだ。

ただし、この変革者としての曹操の姿——いささか胡散臭い言葉を許してもらえるならば——曹操の「実像」は、長いこと覆い隠されてきた。三国志ファンならよくご存じの通り、物語や伝承の世界での曹操は、常に憎まれる悪役を演じさせられ続けてきたのである。

ふたつの三国志――『三国志』と『三国志演義』

これも三国志を知る人にはよく知られている通り、いわゆる三国志と呼ばれるものには、ふたつの原典がある。

ひとつは、三世紀末に西晋《せいしん》の陳寿《ちんじゅ》によって編纂された歴史書『三国志』である。陳寿はもともと三国の蜀《しょく》に仕えた人で、諸葛亮《しょかつりょう》が五丈原《ごじょうげん》で没するその前年に生を受けた。三国時代の同時代人による同時代史料と言っていい。

『三国志』は成立当時から高く評価され、後世では中国における「正史」のひとつに選ばれるに至った。今日の我々が三国時代の歴史を知ろうとするならば、何を措いてもまずこの『三国志』を読むことになる……と言うか『三国志』を読む以外の手段がほとんどない。豊富な文書が残る近世史や近代史と違い、さすがに一八〇〇年も昔のことだから、『三国志』以外に伝わった文献史料はごくごく限られる。

ただ正史『三国志』には恵まれたことに、陳寿から百年ほど後の六朝《りくちょう》時代の裴松之《はいしょうし》がつけた注釈があった。

ふたつの三国志

1、歴史書『三国志』陳寿著

裴松之（陳寿より100年後の人物）による注釈書があるが、歴史書のため難しい。

2、『三国志演義』羅貫中作

それまでの講談や演劇の物語から創作した歴史フィクション。

裴松之の注釈は、当時の主流だった訓詁注《くんこちゅう》（言葉の意味や典拠《てんきょ》を解説する注釈）とは異なって、『三国志』が採用しなかった異聞や、『三国志』以降の歴史書の記述を集めることを目的としたところに最大の特徴がある。そのため、現在ではとうに滅びてしまった歴史記録が裴松之注には多数含まれた。それは文字数にして、陳寿の本文とほぼ同量。おかげで『三国志』は一八〇〇年前の歴史書であるにも関わらず、現在の私たちにもある程度は批判的に読解することが可能になっている。

ただし、『三国志』はあくまで読み物ではなく歴史記録であるため、内容の読解にはそれなりの専門知識が必要になる。しかも『三国志』は、歴史を時系列に追う「編年体」ではなく、本紀（皇帝と国家の記録）と列伝（臣下の伝記）の集合である「紀伝体」と呼ばれる体裁を採る。紀伝体は人物個人の事績を追うことには優れているが、情報が個々人の列伝に分散されるという難点もあるため、三国時代全体の歴史《ストーリー》を知るにはあまり向かないのだ。そのため、たとえばこれから三国志を知ろうとする人がまず正史『三国志』から手をつけるというのは、正直に言えばほとんど不可能に近い。

という悩みを過去の中国人たちも懐いていた。十四世紀頃の明代に成立した『三国志演義《えんぎ》』は、そうした動機のもとでつくられた古典小説である。「物語としての三国志」の原典《ルーツ》となる、もうひとつの「三国志」である。

『三国志演義』の作者は、一応は羅貫中《らかんちゅう》という人物だとされている。一応、と言うのは、羅貫中を今日的な意味で「作者」と呼べるかどうかがかなり微妙なためだ。羅貫中は一から『三国志演義』の物語を創ったのではない。『三国志演義』以前から、講談や演劇などを中心として、すでにさまざまな三国志の物語は形成されていた。羅貫中はそれら既存の物語をまとめあげ、さらに正史である『三国志』を骨子として「三国志の物語」を集大成した人物なのである。

とは言っても、それで羅貫中や『三国志演義』の価値が下がるということは決してなくて、歴史事実をたくみに虚構と交わらせ、かつ一貫したストーリーとテーマのもとにまとめあげた完成度の高さは、中国古典小説史上の白眉と言っても過言ではない。あまりに巧妙すぎて、時として中国の知識人ですら『三国志演義』の虚構と史実を勘違いしたという。清朝の歴史学者である章学誠《しょうがくせい》は、「『三国志演義』は七分の史実と三分の虚構を交え、読者を困惑させること甚だしい」と悪口を言っているけれど、それは裏を返せば『三国志演義』の創作手腕がそれだけ絶妙であったこと、そしてそれだけ広く読まれていたことを物語る。

そう、『三国志演義』の影響は絶大だった。現在で「三国志」と言ってイメージされる基本的なストーリーとキャラクターは、ほとんどこの時に固まったと言っていい。漢の再興を目指す主人公劉備、劉備を支える義兄弟の関羽《かんう》・張飛《ちょうひ》、抜群の智力と忠誠に貫かれた諸葛亮、そして彼らの前に立ちはだかる悪役としての曹操。これらの人物イメージは、いまだに確固たるものとして「三国志」を知る人たちに共有されている。

歴史文学の役割、歴史書の役割

もちろん、『三国志演義』は三国時代の史実を描くものではなく、そこに登場するキャラクターたちも歴史上の実像とは異なる。それは『三国志演義』があくまで歴史文学というフィクションだから、ではない。そこには『三国志演義』の成立の事情がある。

歴史とは単に事実を記録するだけでなく、その是非を判断して評価を下すことを目的とするのであり、そこには「義」が存在する。しかし歴史書の文章は難解で、その「義」も一般の人にはわかりづらい。そこで羅貫中は、陳寿の『三国志』をもとに、『三国志通俗演義』を編纂した。その文章は難解すぎず、かつ俗すぎない。そして事実を記録して、「義」を明らかにする歴史本来のあり方に近づいている。

これは、『三国志演義』の成立後しばらく経ってから出版されたテキストに書かれ

劉備が亡くなった白帝城に展示された、三国志をモチーフにした人形（写真／アフロ）。

た序文で、『三国志演義』の制作者（羅貫中）の理念とは違っている可能性もあるが、それでもそれをほぼ表現していると言ってもそれほど間違いではないだろう。

ここでは『三国志演義』が作られた理由として、

①歴史の事実を平易な文章でまとめること

②歴史の「義」をわかりやすく読者に伝えること

というふたつが並列して挙げられている。そして②で言われる「義」は、非常に多くの意味を含む言葉なので定義が難しいが、ここでは「あるべき歴史解釈」

「歴史事実から汲み取るべき正しい意義と教訓」というような意味と考えられる。

『三国志演義』の序文が、「歴史とは単に事実を記録するだけでなく、その是非を判断して評価を下すことを目的とする」と言ったように、中国の伝統的な歴史学においては、万人に承認されうる客観的な歴史事実――「史実」を記録することは、必ずしもその目的の第一には置かれない。もちろん、事実を記すこともとても大事なことのひとつとされてはいたけれども、それ以上に重要なこと、つまり歴史書を著す究極の目的は、理念的にあるべき歴史の像を表現すること、そこから倫理的に正しい教訓や理念を学ぶことにあった。記録の客観性こそをもっとも尊ぶ近代の歴史学とはまったく異なる、中国独自の歴史学のあり方である。

『三国志演義』の言う「義」とは、こうした「倫理的に正しい教訓や理念や歴史観」を指す。この「義」を演する（推し広めて明らかにする）こと、ゆえに「演義」と言う。ではその正しい教訓や歴史観とは何なのか、言い換えれば『三国志演義』の言うことの正しさを保証しているものは何なのかと言うと、それは当時（明代）において正統思想であった朱子学《しゅしがく》である。

たとえば、さっきも書いたように『三国志演義』は、主人公（善玉）は劉備、敵役

（悪玉）は曹操、という構図を物語の基本とする。これは、『三国志演義』以前の物語から劉備と言えば善人、曹操と言えば悪人という見方が定着していたこともちろん理由のひとつではあるのだけれど、何よりも朱子学において蜀漢《しょくかん》が正統国家と見なされていたことが大きい。

中国の歴史観では理念上、中華に君臨する国家はただひとつでなくてはならないと定められている。このため三国時代のように複数の国家が立った場合、そのいずれを正統な国家として認めるかという問題（「正統論」）が起こる。朱子学の正統論では、三国の正統は魏《ぎ》でも呉《ご》でもなく、漢の再興を目指す劉備たち蜀漢にこそあるとされた。

そのため『三国志演義』もまた蜀漢を正統国家と位置付け、それと敵対して漢を滅ぼした曹操を奸悪《かんあく》の絶《きわみ》として否定する。その点で『三国志演義』は、誤解を恐れずに言えば、朱子学のイデオロギーの上に立つ、政治的思想色をかなり強く帯びた物語なのである（もちろん、単なるプロパガンダの物語で終わらなかったところに『三国志演義』の魅力があるのだけど）。

このため、『三国志演義』から曹操の「実像」を見ることはできない。しかも曹操にとっては気の毒なことに、『三国志演義』がフィクションとしてきわめて優れていたために、『三国志演義』の描く三国志観は非常に長い間人々に共有され続けた。そのため曹操は、積極的な再評価がされるようになったここ百年まで、大変に長いこと悪役としての影を負わなければならなかった。「史実」の曹操の姿に立ち返るためには、まずこの『三国志演義』によるベールを剥がさなくてはならない。

とは言え、では『三国志演義』がダメなら、正史である陳寿『三国志』に曹操の「実像」があるのかと言えばそううまくいかない。前述のとおり、あるべき歴史観や理念を表現すること、倫理的な手本となることこそが中国歴史学の究極目的なのであり、そして正史である『三国志』は、そうした価値観の旗頭のような存在なのである。つまり「正史」とは「客観的に正しい歴史事実」を意味するのではなく、「国家が公認する正統なる歴史書」なのであり、その記述は「かくあるべし」という理念に偏向している。

たとえば先ほどの正統論で言うと、『三国志』は曹操の魏だけを正統国家であると主張する。蜀で劉備《りゅうび》が皇帝を称したこと、また呉で孫権《そんけん》が皇帝を称したことは、もちろん『三国志』にも記録はされているが、編者陳寿は両者の正統性を認めることは決してない。それは陳寿が魏の系統を継いだ西晋という国家のもとで『三国志』を書い

中国湖北省、荊州の関羽の像。関公義園に立つ世界最大の関羽の像である（写真／アフロ）。

ためである。陳寿は自分が仕える西晋の正しさを証明するため、その源である曹操や魏の正しさを表現しなくてはならなかった。

そうした意味では、正史である『三国志』と白話《はくわ》小説である『三国志演義』とは、一方は歴史書で一方はフィクションだと対照的に思われがちではあるけれど、実は基本的な成り立ちはそう変わるものではない。どちらも「かくあるべしという歴史観」を表現することを本質とする。もちろんその方法として、『三国志演義』は虚構をも用い、『三国志』は（一応は）事実のみを用いるという多少の違いはあるのだけど。

ただ正史『三国志』がたとえ事実の記録のみで作られていたとしても、その記述される「事実」の取捨選択や並べ方次第で、いかようにでも「史実」の見せ方を変えることはできる。そのように「事実」の書きぶりや見せ方の違いによって、読み手に唯一確固たる歴史像を提示し、かつそれにメッセージを込めるということを中国の伝統的な歴史学は理想としてきた。単なる事実の羅列では、魂のない歴史叙述とされた。この理念と手法を「春秋《しゅんじゅう》の筆法《ひっぽう》」と呼ぶ。

そのため、「曹操の真実」とひと言に言っても、そこに至るためには陳寿はじめ歴代の史家がかぶせた何重ものベールをひとつずつ丹念に解き明かしていかなくてはならない。あまりに膨大な、気の遠くなるような作業である。

けれども幸いなことに私たちの前には、これまでの研究者たちが解明してきた研究の成果がある。それらを存分に使わせていただき、曹操および三国時代の真実の姿——もしそれがあればの話だけれど——その片鱗を次章から見ていくことにしたい。

第二章

三国時代のはじまり

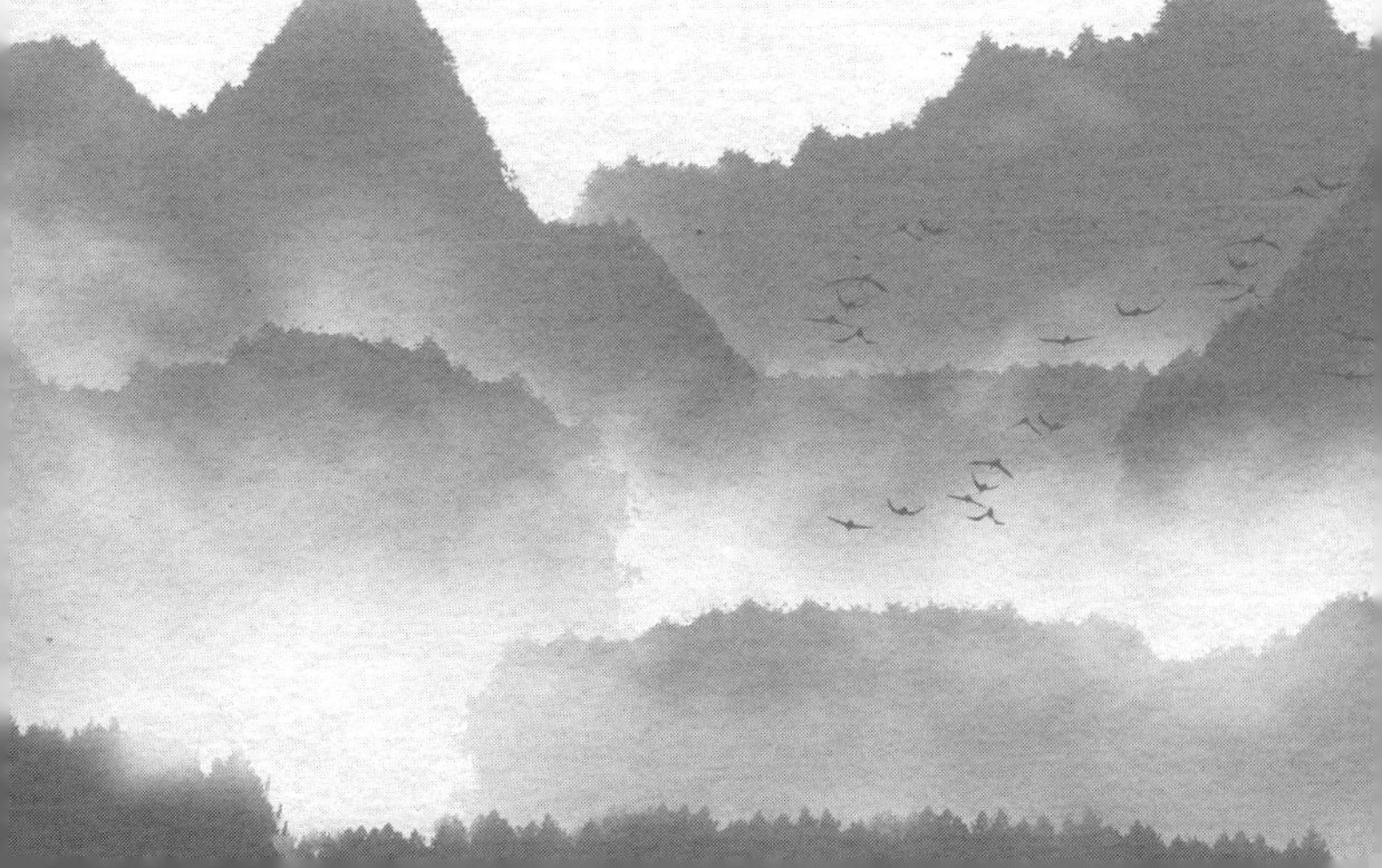

漢帝国の黄昏《たそがれ》

中興の祖光武帝《こうぶてい》が後漢を開いてからおよそ二百年、前身である前漢も合わせれば四百年もの間中華に君臨した漢帝国は、しかし最末期に黄巾《こうきん》の乱と董卓《とうたく》の乱というふたつの動乱により、その命脈を致命的に損なわれた。そのため、『三国志演義』はこの黄巾の乱を起点として、劉備たち「三国志」の物語を書き起こす。ただ、後漢滅亡の直接の引き金になったのはたしかに黄巾の乱であったけれども、衰退の兆候はそれよりもずっと前から現れていた。その主な原因は、皇帝の身近から起こった外戚《がいせき》と宦官《かんがん》による政争である。

後漢は代々短命な皇帝が多く、四代皇帝の和帝《わてい》（在位八八〜一〇五年）以降、十歳前後の幼い皇帝が即位することが続いた。後漢では、皇帝が幼く政務を見れない場合は、外戚（先代皇帝の皇后の一族）が幼帝に代わって実際の政治を行うと定められていた。日本史で言うところの摂関政治に似たものとイメージしてもらってそれほど間違いではないと思う。日本のそれは天皇の母系一族、後漢のそれは先代皇后の一族と

後漢の歴代皇帝

代	諡号	在位	在位期間	即位時年齢 および備考
1	光武帝	25年 - 57年	32年	30歳。世祖
2	明帝	57年 - 75年	18年	30歳
3	章帝	75年 - 88年	13年	19歳
4	和帝	88年 - 105年	17年	10歳
5	殤帝	105年 - 106年	2年	0歳
6	安帝	106年 - 125年	19年	13歳
7	少帝	125年	1年	不明
8	順帝	125年 - 144年	19年	11歳
9	沖帝	144年 - 145年	2年	2歳
10	質帝	145年 - 146年	2年	8歳
11	桓帝	146年 - 167年	19年	15歳 第1次党錮の禁（166）
12	霊帝	167年 - 189年	22年	12歳 第2次党錮の禁（169） 黄巾の乱（184）
13	少帝	189年	1年	17歳
14	献帝	189年 - 220年	31年	9歳

いう違いはあるけれど。

外戚は皇帝が成人した時点で政権を返上することになっていたが、もちろん政権移譲がすんなり進むことはきわめて稀だった。そのため皇帝は、自らの手足である宦官の助力によって、力ずくで外戚から権力を取り戻さなくてはならなかった。

宦官とは、後宮に仕える去勢された男性のことで、権力を持たない若い皇帝にとっては幼い頃から自分の側近くで奉仕してきた、数少ない身近な存在だった。そのため皇帝は外戚を打倒すると、自然、それに貢献した宦官たちに大きな見返りを与え、寵愛するようになる。宦官は皇帝権力を背景に政治を壟断《ろうだん》し、人事にも介入して自分たちの親族や息のかかった者を高位に就けて栄華を誇る。

だがその皇帝が崩御すると、現皇帝との個人的繋がりを権力の淵源《えんげん》にする宦官もまた没落し、代わって立った新たな幼帝のもと、再び外戚が権力を振るう。こうして後漢では新帝が即位するたびに、外戚と宦官との間で血みどろの権力闘争が繰り返されることになった。

それが頂点に達したのが、十一代皇帝の桓帝《かんてぃ》（在位一四六～一六七年）と十二代皇帝の霊帝《れぃてぃ》（在位一六七～一八九年）の時代だった。とくに桓帝の末期から霊帝の時代にかけては、十常侍《じゅうじょうじ》と呼ばれた宦官の領袖たちが大きな権力を握った。

これに朝廷の高級官僚である士大夫層が強く反発する。儒教において宦官は、去勢されて男子の資格を失った、卑しく忌むべき存在とされており、そのような宦官が国政を動かすことは理念的に容認されえなかった。と同時に、人事に介入する宦官は、自分たち士大夫の既得権益を脅かす存在でもあった。宦官の跋扈に失望した彼らは、傀儡に甘んじる皇帝の権威を軽んじ、自分たちこそが「清流《せいりゅう》」たることを自負して、独自の徒党を組むようになる。

そして霊帝が即位した直後、宦官と外戚・清流官僚の対立は頂点に達し、大規模な政変に至る。これを党錮《とうこ》の禁《きん》という。敗れたのは、清流官僚だった。主たる人物はことごとく処刑され、その他の多くの官僚も出仕を禁じられる追放処分を受けた。勝利した十常侍は、霊帝から「我が父、我が母なり」と言われるほどの絶大な信頼と権力を握る。しかし十常侍の栄華も長く続かない。度重なる政争による国家の権威喪失により、地方の豪族勢力に対する抑えが効かなくなったのである。光和七（一八四）年、太平道《たいへいどう》の教祖張角《ちょうかく》が起こした黄巾の乱は、そのような国家情勢の中で発生した、後漢を死に至らしめる反乱であった。

黄巾の乱

正史の記録によれば、張角は黄老思想《こうろう》（道家）を奉じ、懺悔《ざんげ》と符水《ふすい》（お札を入れた聖水）によって病を治したことで信者を増やし、その勢力は衆徒数十万人にまで膨れ上がったという。中国宗教史上、いわゆる三大宗教である儒教・道教・仏教のうち、道教が教団を形成しはじめるのが後漢の末期であるとされており、張角の太平道はそのような初期の道教教団のひとつと位置づけられている。

彼らは、目印として黄色の頭巾《ずきん》をつけたことから「黄巾」と呼ばれた。そして、「蒼天《そうてん》已《すで》に死す、黄天《こうてん》当《まさ》に立つべし。歳は甲子《こうし》にありて、天下は大吉なり」とのスローガンを掲げて、後漢に乱を起こす。「蒼天」とは、ここでは後漢を指し、「黄天」とは黄老の天、つまり自分たちの奉じる黄老の思想を指す。なお渡邉義浩によれば、「蒼天」とは後漢という国家自体を指すだけではなく、後漢が正統思想とする儒教をも意味する言葉であるという。後漢をその基盤となる思想ごと根本から崩すことを目指した反乱、それが張角による黄巾の乱である。

後漢の主な反乱

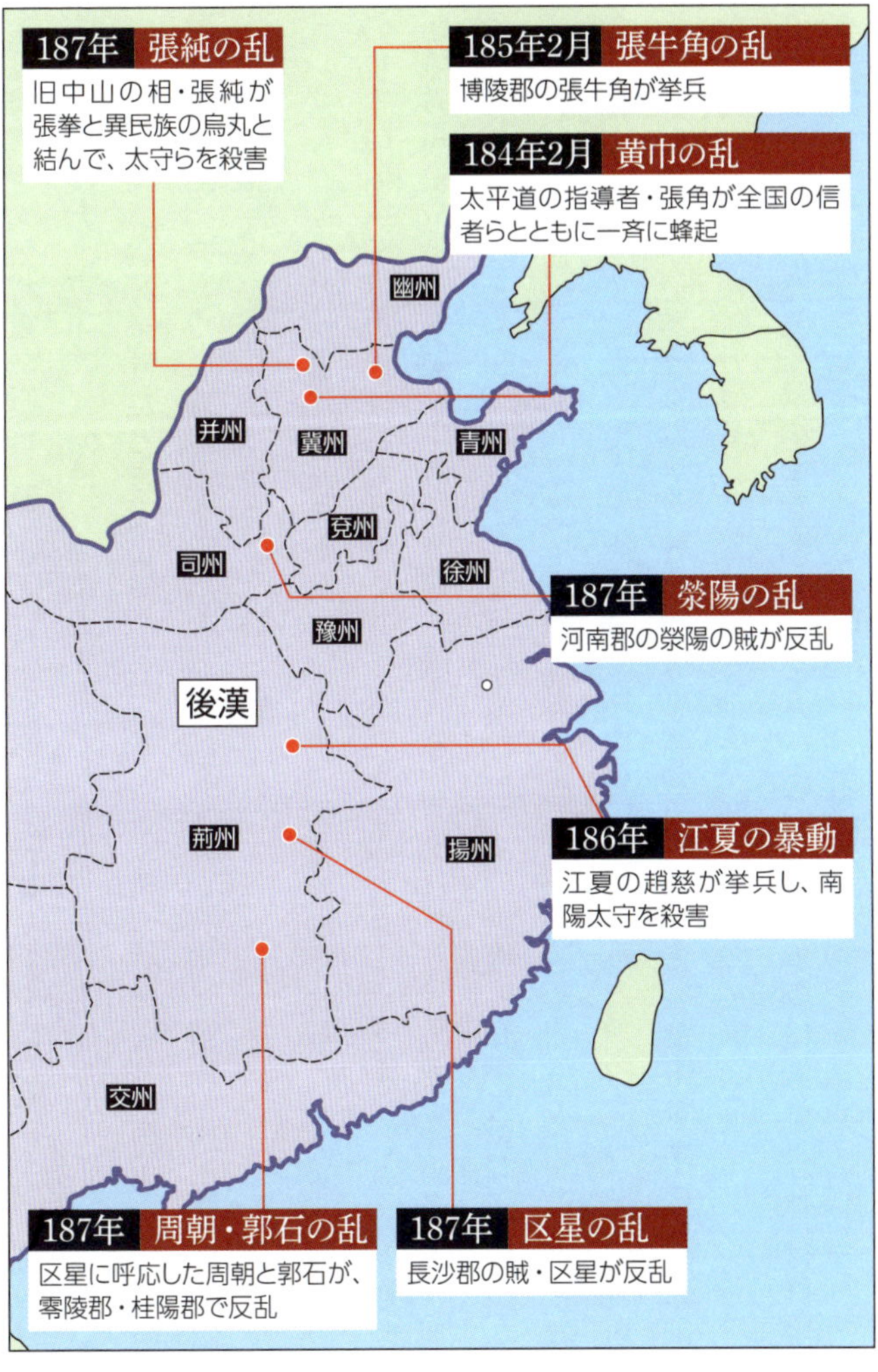
187年 張純の乱
旧中山の相・張純が張拳と異民族の烏丸と結んで、太守らを殺害
185年2月 張牛角の乱
博陵郡の張牛角が挙兵
184年2月 黄巾の乱
太平道の指導者・張角が全国の信者らとともに一斉に蜂起
幽州
并州
冀州
青州
兗州
司州
徐州
187年 滎陽の乱
河南郡の滎陽の賊が反乱
豫州
後漢
186年 江夏の暴動
江夏の趙慈が挙兵し、南陽太守を殺害
荊州
揚州
交州
187年 周朝・郭石の乱
区星に呼応した周朝と郭石が、零陵郡・桂陽郡で反乱
187年 区星の乱
長沙郡の賊・区星が反乱

張角は自ら「天公将軍《てんこうしょうぐん》」を称し、さらに弟の張宝《ちょうほう》・張梁《ちょうりょう》とともに蜂起する。黄巾は全軍を三十六の方（軍団）に分けて、小方で六、七千人、大方で一万人とし、全土十二州のうち八州で兵を挙げたと歴史書にある。とくに張角の故郷を含む冀州《き》での黄巾勢力は強かった。少なくない郡県が黄巾の側に陥ち、また冀州に領地を持つ皇族諸王ですら幾人も殺害される事態にまでなっている。

近代以降、黄巾の乱は農民が主体となった革命運動と評価されることが多かったが、近年の日本の研究では農民反乱ではなく、国家転覆を狙うクーデターという見方が強い。組織の規模やそれを維持する経済力、掲げるイデオロギー、朝廷に対し内部工作を行った様子などからも、やはり主導していたのは一部の豪族・知識人層だったのだろう。乱は、後漢側の皇甫嵩《こうほすう》・朱儁《しゅしゅん》・盧植《ろしょく》ら有能な将軍が奮闘したこと、なにより教祖張角がほどなくして病死したこともあり、年内には平定される。しかし後漢の衰退は誰の目にも明らかであり、以降、各地で反乱が頻発する。また黄巾も主たる勢力は潰えたとはいえ、残存勢力は多く、この後も各地で影響力を持ち続けた。

そして黄巾の乱から五年後の中平六（一八九）年、霊帝の崩御により、時代は後戻りのできない乱世へと突き進むこととなる。

董卓の暴虐

霊帝の評価は非常に低い。

『三国志』や『後漢書』などの正史でも、霊帝は宦官の禍を招いたこと、清流官僚を迫害したこと、そして黄巾の乱を引き起こしたことなどにより、亡国の暗君の代名詞のように扱われる。ただ近年では石井仁氏などの研究により、霊帝は決して無力な皇帝ではなく、時代の混迷に対処するべく革新的な政策を試みていたことが明らかになっている。歴史書が描くほど、末期の霊帝政権も後漢の衰退に手をこまねいていたわけではなかった。それがどれくらいの功を奏したかは別としても。

その霊帝の亡きあと、後継者争いに端を発して、宮中ではふたたび宦官・外戚・清流官僚の政変が勃発する。当時の外戚であった大将軍何進《かしん》は、清流の棟梁的地位にあった袁紹と結託し、霊帝の子である劉弁《りゅうべん》（少帝《しょうてい》）を奉じて宦官勢力の一掃を謀る。けれども老獪な十常侍は、外戚権力の淵源である時の皇太后（何進の異母妹）とも通じて、何進・袁紹《えんしょう》の追及をたくみに躱《かわ》す。何進も、妹と結ぶ宦官の粛清にまではなかなか踏み切れない。

あくまで宦官一掃にこだわる袁紹は、地方勢力を外援《がいえん》として中央に呼びよせる策を何進に勧める。これが愚策だった。進退きわまった十常侍は、何進を誅殺。しかしすぐさま反撃に出た袁紹の率いる兵力の前に皆殺しにされた。後漢を衰退させた外戚と宦官の権力闘争は、かくしてあっけない両者共倒れに終わった。

この権力の空白に乗じて出現したのが、袁紹に召喚された地方軍閥のひとり董卓だった。董卓は、字を仲穎《ちゅうえい》、隴西《ろうせい》郡の人。隴西は現在の甘粛《かんしゅく》省東南部で、つまり当時ではだいぶ西方の辺境近くに位置する。それゆえ、董卓は若い頃から羌族《きょうぞく》（チベット系遊牧民族）の有力者とも親しく交わり、また騎射《きしゃ》を得意とし、左側だけでなく右にも自在に矢を放ったという。相当に騎馬術に習熟していないとなかなかできることではない。中央官界で活躍する士大夫層とは根っこから異質の、むしろ遊牧民に近しいパーソナリティを持つ人物である。

出仕した若き董卓は、羌族との戦いに従軍するなかで頭角を現す。当時、漢の宿敵であった北方の匈奴《きょうど》の勢力が弱まった代わりに、モンゴル高原の鮮卑《せんぴ》族やチベット高原の羌族が油断ならない脅威となっていた。基本的に大きな戦争もなく、太平に恵まれた後漢にとって、唯一と言っていい外憂がこの西方異民族との戦いであったが、逆に言えば後漢が恃《たの》みとする実戦的な軍事力が集中するのもこの西方の地だった。事実、黄巾の乱の平定で中心的な活躍をした皇甫嵩も、西方異民族との戦いで名を馳せた将軍である。董卓もまた、そのように西方の前線で実力を蓄えた有力将軍のひとりであった。

そのため、混迷する中央の政局に董卓が現れたとき、それに対抗できる者はほとんどいなかったのだろう。董卓は、瞬《また》く間に亡き何進らの軍を吸収して都に存在する軍事力を一

董卓

『絵圖三国演義』

手に集め、その武力を背景に実権を握る。あの呂布《りょふ》を得たのもこの時である。そしてそのわずか一カ月足らず後、董卓は少帝の廃位、およびその弟である劉協《りゅうきょう》（献帝）の擁立を断行する。漢代史上、皇帝の廃位はよほどのことがない限りは行われえない非常の措置だった。漢でそれを十全に成し遂げたのは、前漢と後漢を通じても、前漢中期の霍光《かくこう》ただ一人しかいない。あの霊帝の時代ですら、廃位計画が持ち上がったことはいくつか記録されてはいるものの、結局実行されてはいない。『三国志』武帝紀の裴松之注によれば曹操もまた、黄巾の乱のあと清流派の残党から霊帝廃位を持ち掛けられたというが、正当性の不足を理由として拒絶している。

霊帝の死の直後であったとはいえ、その前に劉弁と劉協の後継者争いがあったとはいえ、曲がりなりにも皇帝廃位を実行しえたことは、それだけの権力と軍事力を董卓が握っていたことを物語る。肝心の袁紹は、面と向かって董卓に反抗することができず、ほどなく都洛陽《らくよう》から出奔《しゅっぽん》。地方に逃れ、諸侯を糾合して董卓に対抗することを選んだ。反董卓連合である。そして曹操が歴史の表舞台に本格的に登場するのはこの時からである。中平六（一八九）年、冬十二月のことだった。

曹操《そうそう》の出自

曹操は、字を孟徳《もうとく》、豫《よ》州沛《はい》国譙《しょう》県の出身である。譙県は、現在の安徽省の西北部、亳州市にあたる。同地には、第一章でも少し触れた曹操一族の墓のほか、曹操ゆかりの史跡が多数遺されている（そのうちどれくらいが本物かはわからないけど）。

曹操の養祖父の曹騰《そうとう》は安帝《あんてい》期から桓帝の初期まで、前述の十常侍の一時代前に権勢を振るった宦官である。また、父にして曹騰の養子である曹嵩《そうすう》は、養父の威光と「売《ばい》官《かん》」によって百官の長である太尉にまで昇った。売官とは、霊帝の時代に横行した金銭によって高位を買い取る制度で、『後漢書』曹騰伝によれば曹嵩は相場の十倍もの金銭を費やして太尉の地位を得たという。このように売官によって高位に至った者は、当時「銅臭《どうしゅう》」と呼ばれて嘲笑された。清流派に好意的な『三国志』『後漢書』などの立場からすると、清流とは真逆の「濁流」、恥ずべき家系に曹操は生まれた。それゆえ、曹操を悪役に描きたい『三国志演義』では家柄の賤《いや》しさが殊更《ことさら》に強調されているし、また往年の研究でも曹操の出自のコンプレックスに注目されることが多かった。

ただ、そのような歴史書が描く「清濁」が、現実としてそこまできっちり峻別できるか疑問視する現在の研究だと、むしろ曹操が祖父曹騰から受け取った遺産の大きさが注目される。曹騰は宦官閥の領袖ではあったが、同時に「海内の名士」と称された士大夫たちを高く評価し、彼らを人材として推挙している。そのうちでとくに清廉の誉れ高かった种暠《ちゅうこう》は、後年に三公に昇った際に、「今日この地位にあるのは、曹常侍（曹騰）のおかげだ」と言ったという。宦官と清流士大夫は現実には、歴史書で描かれるほど明確に相反する存在ではないのだ。

また石井仁氏は、曹騰の人脈が、西方の辺境で武名を馳せた名将たちに連なっていることにも注目する。具体的にその顔ぶれを挙げると、先の种暠をはじめ張温《ちょうおん》や張奐《ちょうかん》、皇甫規《こうほき》、橋玄《きょうげん》らがそれにあたる。石井氏が「西北の列将」と呼ぶ彼らは、「董卓の暴虐」のところでも触れたように、辺境異民族との実戦を経験した貴重な人材である。そして彼らは、たとえば張温・張奐が董卓のかつての上官であり、また皇甫規が黄巾を平定した皇甫嵩の叔父であるように、後漢末の政局を動かした人材に少なからず影響を与えた存在でもあった。その「西北の列将」に憧憬の想いを寄せたひとりの人物、それが他ならない若き日の曹操であった。

（写真／アフロ）

橋玄の薫陶

『三国志』武帝紀によると、曹操は若い頃から才覚を発揮し、非常に機転が利いた一方で、放蕩三昧でまったく振る舞いを慎まなかった。曹操とその叔父のエピソードは有名だろう。日頃から曹操の放蕩ぶりに呆れていた叔父は、たびたびそのことを父曹嵩に告げ口した。そこで曹操はある日、道で叔父と出くわすと、わざと顔面を崩して口をねじ曲げ、麻痺症にかかったフリをした。演技とは知らぬ叔父は慌てて曹嵩に知らせたが、曹嵩が曹操を呼びつけてみるともちろん顔は普段の通り。不審に思う父に曹操は、「叔父さんは私を嫌っているので、そんなデタラメばかりを言うのでしょう」と答える。曹嵩は叔父の言う事を信用しなくなり、曹操はますます好き勝手に振る舞ったという。

そんな放逸な曹操であるため、若い頃はなかなか世間に認められなかった。しかし中にはその才知をちゃんと見抜く者もいた。そのひとりが、先ほどの曹騰の人脈にも名前の挙がった橋玄である。

『三国志』武帝紀には、「橋玄は曹操に、『天下はまさに乱れようとしている。一世に秀でた才でなければ救うことはできない。天下を安寧にできる者、それは君であろうか』と言った」と、橋玄が曹操のことを高く評価していたと書かれている。

さらに裴松之注に引かれる『魏書』という歴史書には、「橋玄は曹操をとくに重んじて、『吾《わたし》は天下の名士を多く見てきたが、君のような者はいなかった。よく自分を大事にせよ。吾は年老いた。君に妻子を託したいものだ』と言った。これにより曹操の名声は重くなった」とある。

曹操に家族を委ねたいとまで言ったことは、橋玄がかなり個人的で親密な付き合いを許していたことを意味する。橋玄がまだ若輩にすぎない曹操のことを高く買っていたことがわかる。

ではその橋玄とはどんな人物なのだろう。

まず先ほどの通り、辺境の鎮撫《ちんぶ》で名を挙げた「西北の列将」のひとりである。とくに鮮卑・南匈奴との戦いでは、対異民族を担う武官としてもっとも高い地位の度遼《どりょう》将軍にまで至った。であると同時に、橋玄は儒教を修める当代きっての学者でもある。儒教経典のひとつ『礼記《らいき》』の研究は、橋氏の家に代々伝わる家学であり、橋玄はそれを集大成した。と同時に、「猛政《もうせい》」による統治を指向した優れた統治者でもあった。

儒教の基本的な統治理念では、寛仁《かんじん》な統治——「寛治《かんち》」がひとつの理想とされる。在地の豪族の力が強かった後漢では、この儒教的な「寛治」を掲げることで、豪族の既得権益との衝突を避ける方針が採られていた。それはおおむね有効に機能して、後漢をして二百年も続く大帝国たらしめる大きな要因のひとつとなっていた。

けれども寛容さに傾くばかりでは、やがて統治は弛緩する。そこで儒教にはもうひとつ、「寛治」とは対《つい》概念になる「猛政」の理念がある。国家による強い統制を求める、かなり法家に近しい理念である。

橋玄には、後漢の「寛治」が限界に達しつつあることがわかったのだろう。それで「猛政」による統治を目指した。「寛」と「猛」をたくみに使い分けて双方の長所を取ること、それもまた儒教の理想とする統治のあり方であった。

このように橋玄は、将軍としても学者としても統治者としても優れた実績を残した人物である。彼のようなあり方は、「入りては相《しょう》、出でては将《しょう》」と言われる士大夫の理想であった。晩年、橋玄は三公の筆頭である太尉に昇っている。こうした橋玄の生きざまは、曹操の終生の模範になった。

治世の能臣《のうしん》、乱世の奸雄《かんゆう》

橋玄

永初3年（109年）－光和6年（183年）。後漢時代の政治家。字は公祖。梁国睢陽県（現・河南省商丘市睢陽区）出身。祖先には前漢の大鴻臚の橋仁がいる。祖父の橋基は広陵太守であり、父の橋粛は東莱太守である。

許劭

和平元年（150年）－興平2年（195年）。後漢末期の人物批評家。字は子将。豫州汝南郡平輿県（現・河南省駐馬店市平輿県）出身。従兄には三国時代の政治家、許靖がおり、一族の多くに最高位の官僚がいる。

ある時のこと、曹操はその橋玄の勧めで、人物評価で名高い許劭《きょしょう》を訪ね、自分の評価を求める。曹操の依頼に許劭ははじめ渋るが、強引な求めに屈して、「君は治世の能臣、乱世の奸雄だ」と答える。曹操は大笑いしたという。「平和な時代では有能な臣だが、乱世では奸雄となるだろう」という許劭の評価は、その後の曹操の生涯をあまりにも的確に表現しすぎていて出来すぎな気もするけれど、とかく今では「乱世の奸雄」と言えば曹操を形容するもっともポピュラーな言葉のひとつになった。本書でも何度も使っている。

それにしても、「乱世の奸雄」というあまりポジティブには捉えられない評価を、それでも曹操が「大笑いした」とされるのは、渡邉義浩によれば清流派である許劭に評価されたこと自体に社会的な価値があったからだという。

当時の清流派士大夫が朝廷の権威を侮り、独自の党派を作っていたことは先ほども書いた。彼らは仲間内で互いを評価しあうことによって、その地位と名声を確認しあった。

そうすることで排他的なコミュニティを固め、国家的な秩序とは異なる、少し大げさに言えば自分たちだけの社会を形成したのである。

当然、後漢側としては、国家をなみする徒党を組まれることは好ましくなく、彼らを「党人」と呼んで危険視した。先述の党錮の禁は、そうした国家の警戒心から引き起こされた政治弾圧でもあった。

しかし「党人」のコミュニティは潰されきることはなく、やがて袁紹や許劭たちへと継承されていく。渡邉義浩は、彼らのような名声を存立基盤（アイデンティティ）にする知識人を「名士」と呼ぶ。曹操は、「名士」である許靖に評価されることによって、「名士」の一員になったのだ。

先述の祖父曹騰の遺産とは、自らの生きる模範となる「西北の列将」との出会い、そして清流派の流れをくむ「名士」層へと参画するための人脈なのである。橋玄との交流は、その中でも曹操の生き方にとくに大きな影響を与えた。

自分を「名士」の世界へと引き入れ、そして為政者としての模範となった橋玄への恩を、曹操は生涯忘れなかった。後年、華北を制した曹操は、亡き橋玄の故郷に立ち寄って手厚く橋玄を祀る。その時の祭文《さいもん》に言う。

「むかし橋公は、『吾が死んだ後、もし吾が墓を通りかかって、一斗の酒と一羽の鶏を持って地に注いでくれないならば、車が通り過ぎて三歩のうちに、君の腹が痛んでも不思議に思うなよ』と言われた。その場だけの冗談としても、親しい間柄でなければ、どうしてこのような言葉を仰られようか。今こうして橋公を祀るのは、公の霊魂が怒るのを恐れるからではない。昔を懐かしみ公の愛顧を思い、言葉を思い返して悲しみ悼むからである。わずかばかりの粗末な供物であるが、公よこれを受けてほしい」と。

反董卓連合の結成

話を後漢末の政局に戻そう。

董卓に反抗して中央を離れた袁紹らは、やがて地方で地盤を得て、一斉に反旗を翻す。盟主に祭り上げられたのはもちろん袁紹。『三国志』武帝紀に列挙されているその顔ぶれを並べると、

①後《こう》将軍の袁術《えんじゅつ》。②冀州牧《ぼく》の韓馥《かんふく》。③豫《よ》州刺史《しし》の孔伷《こうちゅう》。④兗《えん》州刺史の劉岱《りゅうたい》。⑤河内《かだい》太守《たいしゅ》の王匡《おうきょう》。⑥勃海《ぼっかい》太守の袁紹。⑦陳留《ちんりゅう》太守の張邈《ちょうばく》。⑧東郡《とうぐん》太守の橋瑁《きょうぼう》。⑨山陽太守の袁遺《えんい》。⑩済北相《せいほくしょう》の鮑信《ほうしん》

という面々で、いずれも中国東部の有力な州郡の長官たちである。曹操はここに奮《ふん》武《ぶ》将軍という肩書で参加した。また武帝紀には名前が挙がらないが、荊州刺史の劉表《りゅうひょう》や長沙太守の孫堅《そんけん》もやはり同時に兵を挙げた。孫堅はご存知の通り、のちに三国の呉を建国する孫権の父である。

ところで、彼ら反董卓の諸将の持つ「州牧」とか「太守」の肩書について少し説明

反董卓連合

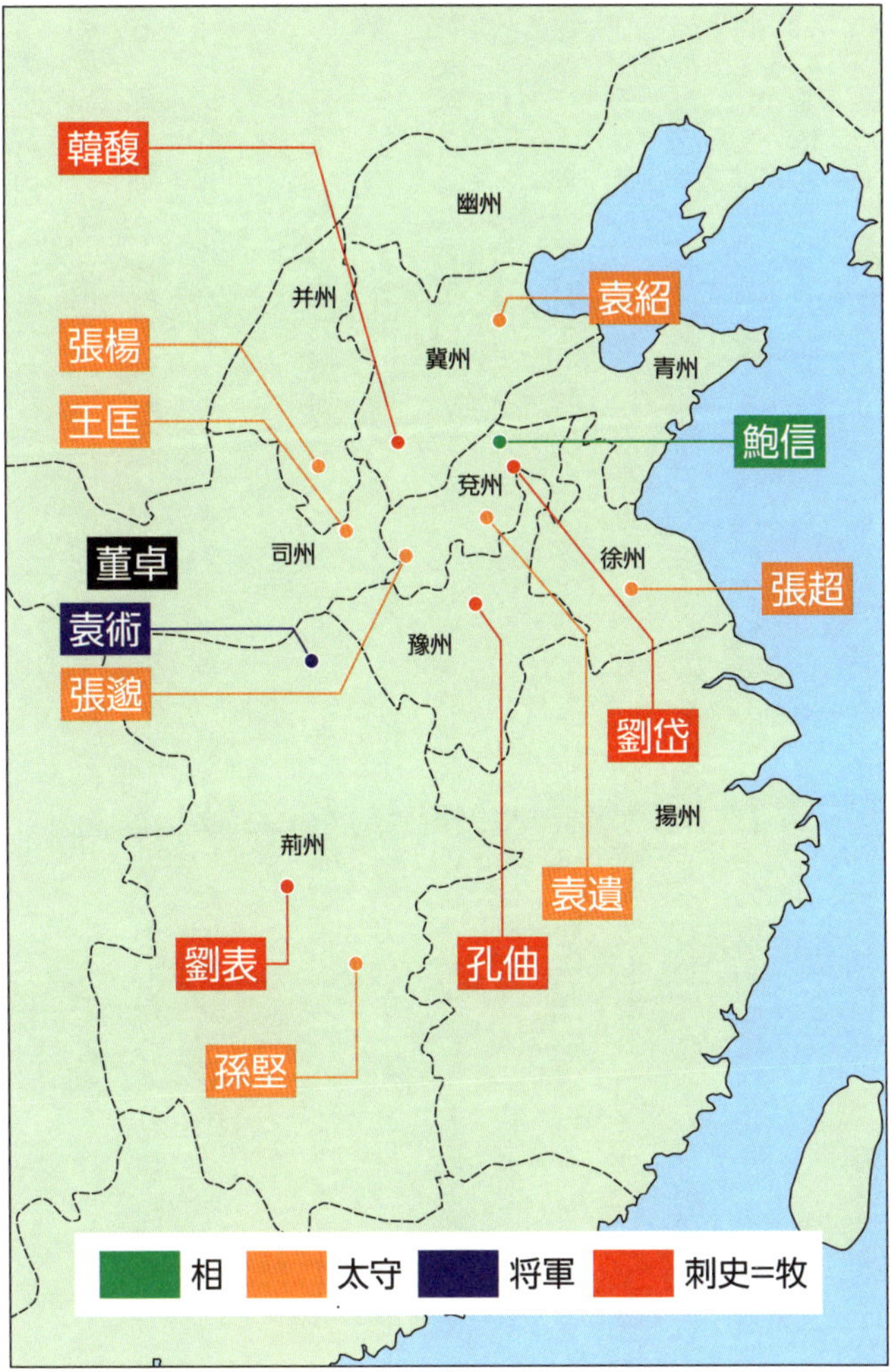

韓馥
幽州
并州
袁紹
張楊
冀州
青州
王匡
鮑信
兗州
司州
徐州
董卓
張超
袁術
豫州
張邈
劉岱
揚州
荊州
袁遺
劉表
孔伷
孫堅
相
太守
将軍
刺史=牧

が必要だと思う。

　秦の始皇帝以来、古代中国では全国を郡・県に区分し、中央の官僚を長官として派遣する「郡県制」を地方行政の基本モデルとした。漢でもおおむねそれを踏襲し、全土が十三の州に分けられ、さらにその下に郡・県があった。州＞郡＞県という行政単位である。

　この州の長官を州牧（州刺史）といい、郡の長官を郡太守といい、県の長官を県令（県長）という。なお県は郡の（郡は州の）下位の行政単位だが、かと言って県令が太守に従属するわけではない。新宿区長が東京都知事の部下でないのと同じである。

　州牧・太守・県令は格こそ大きく違うが、どれも皇帝に直属する一官僚である。皇帝がすべての地方長官を直接支配することで、中央集権的な支配を実現する。それが郡県制なのである。後に曹操が兗州牧となり、袁紹が冀州牧となったように、後漢最末期に群雄の多くは州牧を称し、それぞれの地に割拠することになるのだが、けれども名目としては彼らもあくまで後漢の官僚である。日本の大名とは異なり、支配地域を自分の領地としたわけではない。

　この反董卓連合の時点だと、州と郡が地方行政の要《かなめ》となっていた。反董卓連合の面々の多くが州牧・太守であるのはそのためである。官僚の序列としては「二千石」（後漢では官僚の序列をその俸給で表す）。これより上級の官は、中央政府の大臣クラスである三公《さんこう》と九卿《きゅうけい》しかいない。太守はかなり偉いのである。ちなみに曹操は、黄巾の乱の直後にはもう太守を経験している。当時まだ三十歳。混乱期とはいえ、これ以上はなかなかないくらいの出世スピードである。

それほどに高い地位を持つ太守たちは、しかし肝心の軍事力は持たない。後漢では始祖光武帝以来、郡に置く軍隊を基本的に廃止していたためである。また二千石という俸給も、目が飛び出るほどの高給というわけではない。それでも、柿沼陽平氏が指摘するように、太守は中央に一定の税をきちんと納めさえすれば、郡内ではかなり自由に振る舞えたという。追加の徴税を課すこともできたであろうし、太守という地位が自然ともたらす実入り――身もフタもない言い方をすれば賄賂もあった。

そのため反董卓連合の諸将は、州牧や太守の地位が持つ経済力を背景として、挙兵に踏み切ることができたのである。『三国志』武帝紀によれば、それぞれの軍勢は数万にのぼったとある。精強な西涼《せいりょう》の軍事力を擁する董卓にとっても、さすがに無視することのできない大きな脅威であった。

連合の瓦解から群雄割拠へ

それでも董卓は強かった。数十万を誇る連合軍だが、董卓軍の強さをおそれて、袁紹をはじめとしてあえて先頭きって進軍する者はなかった。

さらに董卓は連合に対抗するため、洛陽から西の長安への遷都を強行する。長安はかつての前漢の都であり、四方を山脈と関所に囲まれて防衛に優れていた。涼《りょう》州・并《へい》州、そして西方異民族を軍の主力とする董卓にとっては、本拠に近くなるため補給がより容易になる。念押しに董卓は洛陽《らくよう》を焼き払い、連合が物資を得られないよう焦土作戦を採った。軍事面で言えば合理的な戦術である。

けれども聖都洛陽を灰燼《かいじん》に帰し、しかも軍資にと歴代皇帝の陵墓までことごとく暴く董卓の行為は、朝廷の百官にすれば蛮行以外の何物でもなかった。儒教において洛陽は「土中」、中華の中央であるとして神聖化された都であった。

さらに董卓はその過程で、廃位させていた前皇帝劉弁を殺害する。連合に担がれることを警戒したのだろう。なお『三国志』とその他の史料では劉弁死亡の時期が違っ

190年頃の勢力図

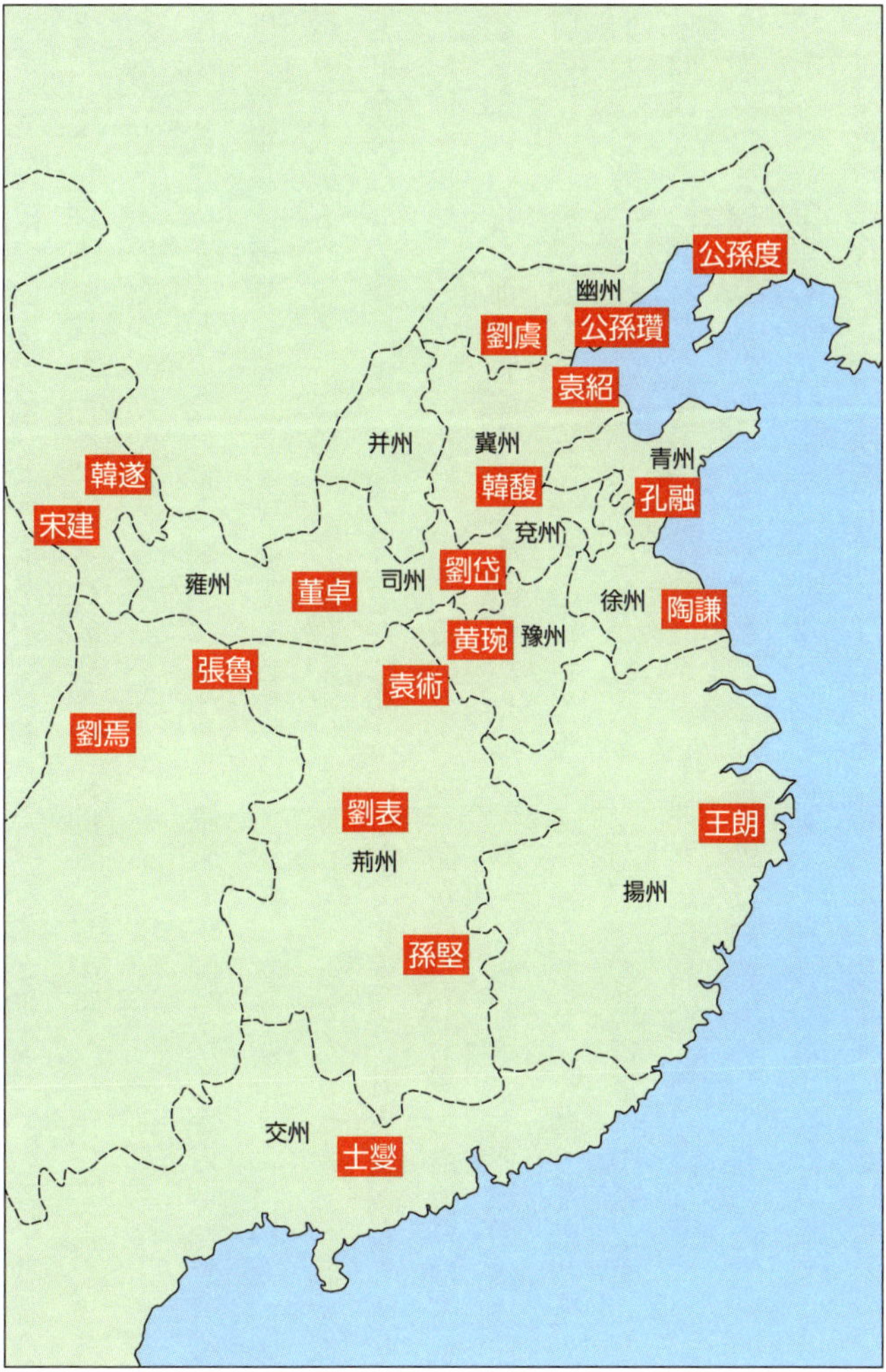
公孫度
幽州
劉虞
公孫瓚
袁紹
并州
冀州
青州
韓遂
韓馥
孔融
宋建
兗州
劉岱
雍州
董卓
司州
徐州
陶謙
黄琬
豫州
張魯
袁術
劉焉
劉表
王朗
荊州
揚州
孫堅
交州
士燮

ていて、『三国志』では曹操たちの挙兵以前に殺害されたことになっている。曹操を正統とする『三国志』にとって、曹操の行動が間接的に前皇帝を死に追い込んだように見えることは避けたかったのだろう。

董卓軍が長安《ちょうあん》に去ると、連合軍の間ではますます厭戦の雰囲気が広がる。ただ曹操だけは、董卓軍を追撃することを主張して出陣したものの、董卓が抑えに置いた徐栄《じょえい》軍に散々な大敗を喫する。このとき、曹操が率いる軍は五千しかなかった。州牧や太守の地位を持たない曹操は、公的な経済力に頼ることができず、私財や支援者の援助でそれだけを集めるのが精いっぱいだったのだろう。命からがら帰還した曹操は、戦おうとしない諸将を前に戦略を披露するが、やはり聴き入れられない。曹操の積極性と諸将の惰弱《だじゃく》さを見せたい『三国志』の史料操作があるにしても、やはりその程度の発言力しか当時の曹操にはなかったことが窺える。ただ、その連合軍の中で、漢のために果敢に董卓に挑んだ曹操の行動は、後々「名士」層から高い評価を得る。

兵を失った曹操は募兵のため連合を離れ、また董卓軍に局地的勝利を収めた唯一の存在であった孫堅《そんけん》軍も本拠に退く。ほどなく諸将は互いの利害のために対立するようになり、反董卓連合は完全に崩壊した。群雄割拠の時代のはじまりである。

汜《し》水《すい》関《かん》の戦いと虎《こ》牢《ろう》関《かん》の戦い

ところでここまで読まれておわかりの通り、三国のもうひとりの主役であるはずの劉備の出番はこの時まだほとんどない。『三国志』先主伝によれば、黄巾の乱のとき劉備は義兵を挙げて功績を挙げたとあるが、具体的な様子はまったく記録に残っていない。また反董卓連合にも、何らかのかたちで関与したとする記録もあるにはあるが、やっぱり具体的な動向はわからない。当時の劉備は、一県の長官にやっと手がかかったくらいにすぎなかった。まだまだ曹操や孫堅には並ぶべくもなく、のちに皇帝にまで昇りつめるその片鱗はまったく窺えない。

けれども、こんな大事な局面で主人公の出番がないとあっては物語として全然面白くない。そこで『三国志演義』をはじめとする物語では、劉備の前半生に大幅な脚色を加えて出番を創作している。汜水関・虎牢関における劉備三兄弟の武勇は、そのうちのもっとも大きな創作のひとつである。

まず、結成した連合の前に董卓軍の先鋒、華雄《かゆう》が立ちはだかる。相手をするのは連

呂布

『絵圖三国演義』

合の先鋒孫堅。孫堅は持ち前の武勇で華雄軍と優位に戦うも、その活躍を妬んだ袁術《えんじゅつ》により、兵糧の補給を止められる。妨害された孫堅は、部下の身代わりのおかげで命からがら戦場を離脱する。孫堅を破った華雄は勢いづき、送りこまれた連合側の猛将を鎧袖一触《がいしゅういっしょく》で蹴散らす。あまりの強さに諸侯はなすすべなく怖れ慄く。大将の袁紹は負け惜しみを吐くことしかできない。

そこへ、劉備の義弟関羽が颯爽と名乗りを上げる。しかし関羽の肩書は馬弓手《ばきゅうしゅ》（警邏《けいら》を行う下級武官）にすぎない。袁術はそれを無礼と罵るものの、関羽は侮る諸侯を尻目に、わずか一刀で華雄の首級を挙げた。このあたりの『三国志演義』の叙述力は本当に見事なので、そのまま引用したい。日本語訳は立間祥介氏の訳に従った。

曹操は熱い酒を盃につがせ、馬に乗る前に飲むよう関公（関羽）にすすめた。

「酒はしばらくお預り下され、それがしただちにもどるでござろう」

と関公、幕を出て薙刀《なぎなた》をとるや、ひらりと馬にまたがった。

諸侯耳をすますうち、たちまち関外に太鼓の響湧き、鬨《とき》の声轟いて、天地もくだけ、山も崩れんばかりとなったので、一同驚いて様子を聞かせようとした時、鈴の音も高く馬が本陣に駆けもどり、雲長（関羽）がひっさげた華雄の首を地上に投げだした。そのとき酒はまだ温かかった。

『三国志演義』第五回

ここでは、関羽と華雄の激戦がまったく描写されない。カメラはあくまで連合の本陣に据えられたままで、音の様子でだけ合戦を表現する。そうすることで物語中の諸侯と読者が同じ目線になり、合戦の臨場感がむしろ増すのだ。しかも出陣前に注がれた酒がまだ温かかったと描くことで、戦いが一瞬で終わったことも表現している。

さて、華雄の守る汜水関を陥とした連合は、そのまま虎牢関へ進軍するが、ここには董卓軍の大本命である呂布が待ち構えていた。天下無双の呂布は、もちろん華雄よりも三枚も四枚も上手の猛将であり、連合の諸将では相手になるはずもない。呂布は連合の将軍を三人も立て続けに斬り捨て、さらに諸侯の公孫瓚《こうそんさん》に挑みかかる。とそこへ、今度は張飛《ちょうひ》が立ち向かう。張飛も当代の豪傑、両者は五十合も互角に打ち合う。そこへ関羽が加勢するが、それでも呂布は崩れない。ついには劉備までもが双剣を抜いて打ちかかると、さしもの呂布も凌ぎ切ることができず、やむなく撤退した。董卓軍は呂布という切り札を投入しながら、虎牢関の戦いに勝つことができなかった。

ここで描かれるのは呂布の圧倒的な武勇、そしてそれに勇敢に挑んで見事退けた三兄弟の武勇である。三国志の物語全編でも指折りの名場面だと思う。呂布と三兄弟が火花を散らした戦いぶりは、『三国志演義』のもととなった演劇ではそれはもう大変な見せ所だったことだろう。

この一連の戦いでは、敗れた華雄・呂布はもちろん、味方の孫堅も袁術も袁紹も劉備三兄弟の引き立て役に甘んじる。もちろんすべて創作であり、史実では彼らが戦場で一堂に会したことはない。何より史実で華雄を討ち取ったのは孫堅自身である。唯一、歴史書にもとづくのは孫堅が袁術に補給を拒まれたところくらいだろう。

それでもやはり、繰り返してしまうけれど『三国志演義』の創作力は見事に尽きる。読者に与えたインパクトも相当だったはずである。とくに三兄弟と打ち合う呂布の強さは衝撃で、実は呂布は、『三国志演義』全体で言うとそこまで強さが重点的に描かれているわけではない。むしろ心の弱さが強調される、弱い英雄である。それでも現代の三国志ファンの間で、呂布と言えば三国志最強というイメージが深く刻み込まれていることからも、この場面の持つ力強さが窺えるのではないだろうか。

董卓の最期

連合を退けて長安にこもった董卓だが、その絶頂は短かった。

外敵のいなくなった董卓は、それと前後して自ら相国《しょうこく》、ついで太師《たいし》の位に就く。相国は前漢の功臣である蕭何《しょうか》・曹参《そうしん》以来四百年近くも任じられなかった最高の宰相職。太師は古の太公望《たいこうぼう》や周公旦《しゅうこうたん》が就いたとされる名誉職である。董卓は、周の建国を助けた聖人太公望に自らをなぞらえたらしい。

さらに、長安の東に位置する郿県に巨大な城塞「万歳塢《ばんざいう》」を築き、自身の行政府とした。その城壁の規模は都である長安城と同等で、そこへ三十年分の糧食を貯蔵した董卓は、「もし天下を取れなくとも、ここを守れば十分な余生が送れるな」と豪語したという。董卓の驕慢と暴虐は止まらなかった。『三国志』董卓伝は、董卓が宴席の酒肴に捕虜をなぶり殺しにしたこと、高官を次々に誅殺したこと、周辺の村落で虐殺と略奪をさせて「敵軍を破った」とうそぶいたこと、悪貨を製造して経済を混乱させたこと、天子の御物《ぎょぶつ》を好き勝手に用いたことなど、董卓の罪悪を書きつらね、筆を極めてその暴政を罵る。ほかの歴史書もほとんど異口同音である。そもそも天子の廃位と弑殺《しさつ》からして、言い訳のきかない大罪であった。

ただし先行研究によれば、現実の董卓はそこまで全部が全部、暴虐の一辺倒であったわけではない。柿沼陽平氏は、董卓の異民族政策や対外政策、経済政策で一定の見るべき成果があったとするし、石井仁氏は戦略の合理性を評価する。満田剛氏は、たとえば皇帝の墓を盗掘するような悪行も、実際には曹操たちも行った乱世の常道であったとする。満田氏は、前章で触れた「墓に宝物を入れるな」と命じた曹操の薄葬令は、盗掘の現実を実際に目にした曹操だからこその遺言であったと言う。

また渡邉義浩は、制度改革や人材登用の面で董卓を評価する。董卓は、霊帝期には不遇だった「名士」たちを登用し、極力尊重している。特筆すべきは、当時国家の制度にもっとも精通していた大学者、蔡邕《さいよう》を抜擢して改革を委ねたことにある。蔡邕は董卓の重用に応え、漢の制度を集大成し、復興することを目指した。彼のまとめあげた学問成果は今日まで伝わり、私たちの研究にも大きな影響を与えている。董卓は単なる漢の破壊者ではなく、たしかに改革者としての一面も持っていた。

しかし蔡邕のような者は少なかった。董卓が用いようとした「名士」たちは、しかし根本的には価値観の異なる董卓をそろって拒絶した。袁紹がそのひとりである。袁紹が都を出奔した当初、それでも董卓は袁紹を懐柔しようと勃海《ぼっかい》太守の地位を与えた。だが袁紹はその勃海太守の権限をもって董卓に反旗を翻す。

反董卓連合から三年後、初平《しょへい》三（一九二）年に董卓は司徒の王允《おういん》と腹心の呂布に殺害される。王允は、やはり董卓によって抜擢された「名士」の代表格。呂布は、董卓が洛陽に入城した直後、丁原のもとから引き抜かれて、父子の契りまで結んで寵愛されていた。しかし董卓と呂布は個人的なことから対立し、王允はそこを突いて呂布を取り込んだのだった。殺害された董卓の骸《むくろ》は長安の市に晒《さら》された。官吏のひとりが戯れにか、灯心を遺骸の臍《へそ》に刺して灯りをともしたところ、肥満体であった董卓の脂《あぶら》で火は何日も消えることがなかったという。

董卓の死に伴い、長安政権は瓦解する。王允は旧董卓軍を制御することができずに殺害され、呂布は長安を脱出した。残された朝廷では、董卓の一部将にすぎなかった李傕《りかく》と郭汜《かくし》が政権争いを繰り返し、長安は無政府状態に陥った。曲がりなりにも後漢の皇帝を奉じていた董卓政権の崩壊によって、後漢はその機能と権威をほとんど完全に失ったのであった。

第三章

雄飛から華北の覇者へ

袁紹と袁術

董卓《とうたく》亡き後の群雄割拠時代。

その群雄のなかでもっとも強かった勢力、言い換えれば時代の主導権を最初に握ったのは、ひとりは――やはりと言うべきか袁紹《えんしょう》、そしてもうひとりはその異母弟である袁術《えんじゅつ》である。袁紹は、反董卓連合で盟友だった冀州牧《きしゅうぼく》の韓馥《かんふく》を狡猾に騙し、冀州を奪い取ってしまう。一方の袁術は、荊《けい》州北部から淮南《わいなん》にかけての南方地域を領有した。

彼らの強みのひとつは、その出自にある。後漢において袁家は、四代も続けて三公を輩出した「四世三公」という名門中の名門である。袁紹・袁術兄弟はその五世代目にあたる。

一族から三公を二人以上出した家ですら数えられるくらいしかない中で、袁家が四世代に渡り五人の三公を出したことは群を抜く。劉備《りゅうび》・孫権《そんけん》などは言うに及ばず、曹《そう》操《そう》も袁家の前には霞む。圧倒的な出自のよさと、それが生むコネクションの広さが袁紹・袁術兄弟の強みだった。

袁紹と袁術の派閥

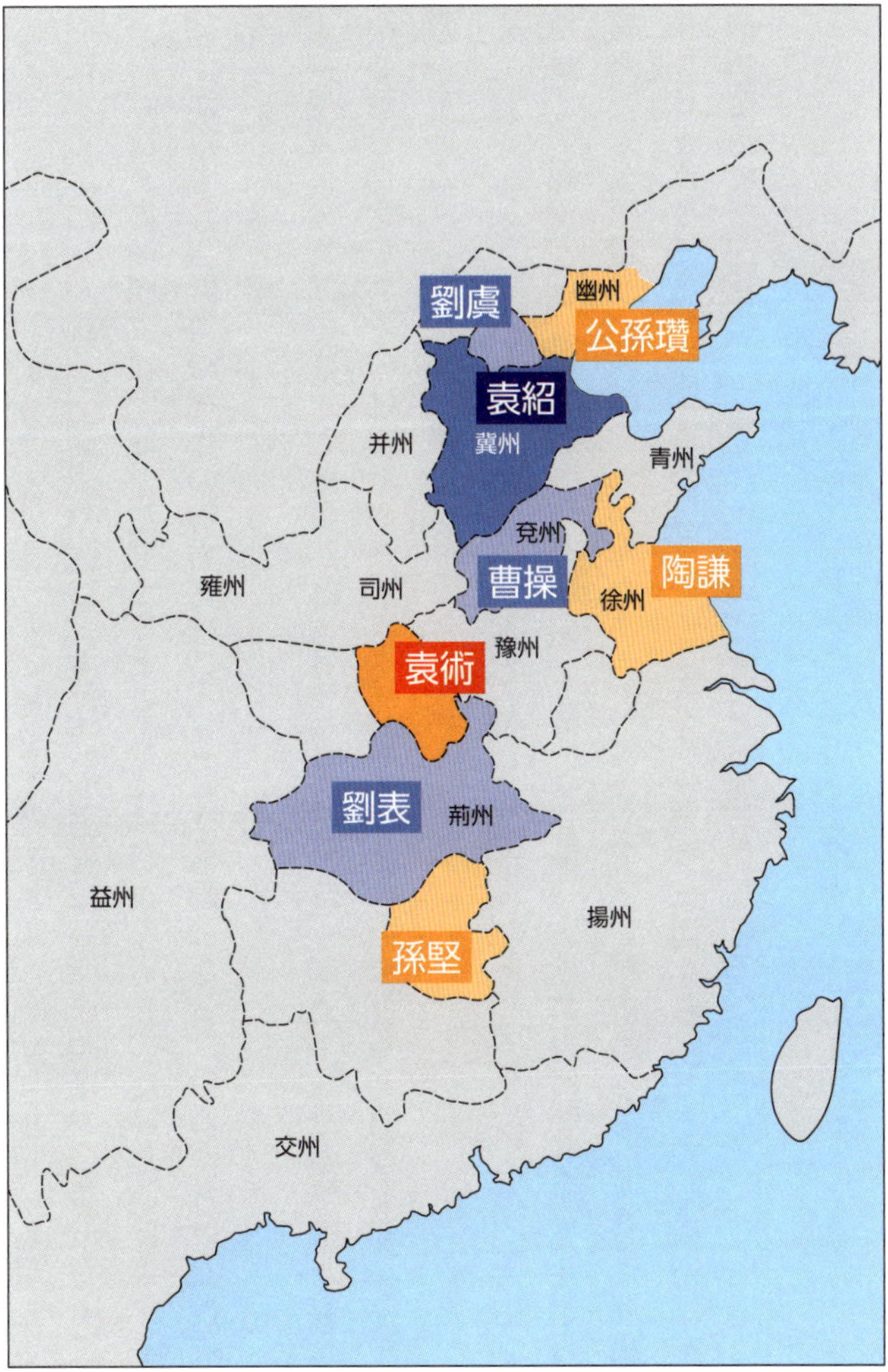

ところがこのふたりは仲が悪かった。そのため群雄たちも、袁紹に加担する者と袁術に加担する者に分かれた。劉表《りゅうひょう》や劉岱《りゅうたい》（曹操）や劉虞《りゅうぐ》は袁紹派閥に、公孫瓚《こうそんさん》や陶謙《とうけん》や孫堅《そんけん》などは袁術派閥に属する。地図で見てもらえばわかる通り、だいたい近接する勢力同士が対立し、敵方の後方の勢力とは結ぶという構図になる。いわゆる遠交近攻である。

群雄割拠時代の初期では、どちらかと言うと袁術側のほうが強かったのではとも思う。中心地を抑えているのは袁紹側だが、袁術派閥はそれをぐるりと囲むような包囲網を敷いている。

しかしほどなく、袁紹が公孫瓚との対決で優位に立ち、また袁術方でもっとも強かったはずの孫堅が劉表との戦いで命を落とすと、途端に袁術勢力に翳りが見え始める。それでも公孫瓚が踏ん張っていたため、袁術としては袁紹が動けないうちに荊州から中原《ちゅうげん》に進出することができたはずだが、兗州《えんしゅう》の曹操に阻まれてしまう。袁術は本拠の荊州を捨てて、体勢を立て直すために淮南に逃れざるをえなくなる。

雌伏から雄飛へ

　さてその頃の曹操。連合の解体直後は、まだ袁紹勢力下の一太守《たいしゅ》にすぎず、その地位も「袁紹が朝廷に上表して曹操を東郡太守とした」と『三国志』武帝紀にある。初平二（一九一）年、曹操雌伏の時代である。

　ところが曹操は、翌三（一九二）年に兗州牧《えんしゅうぼく》となると、建安四（一九九）年までには並みいる袁術陣営を倒し、兗州・豫州《よしゅう》・徐州《じょしゅう》を支配圏に収めて河南（黄河以南）で最大の勢力にまで駆け上がる。曹操がわずか七年程度でそこまでの大勢力を築けた理由として、研究ではだいたい以下の四つが注目されている。第一には青州兵《せいしゅうへい》、第二に「名士」の抜擢、第三に屯田制《とんでんせい》、第四に天子奉戴《てんしほうたい》である。

　初平三（一九二）年、袁紹派閥に属する劉岱が、青州から流入した黄巾軍に敗れて戦死する。かつて天下を震撼させた黄巾の残党たちは、依然として各地に点在した。青州黄巾もそのひとつで、総勢で百万を超える規模を持つ彼らは青州を離れて転々とし、群雄たちを悩ませた挙句に兗州に流入したのだった。曹操は敗死した劉岱の後任に担がれると、苦戦に続く苦戦の末にこれを降《くだ》し、その勢力をまるごと自分の支配下に置いた。

その数、選抜された兵卒だけで三十万。つい二年前まで五千の兵で董卓と戦っていた曹操としては望外の大軍勢である。彼らは「青州兵」と名付けられ、こののち曹操が死ぬまでその軍事力の基盤として活躍する。

それにしても三十万という数字は桁が外れていて、『三国志』の誇張で実数はその十分の一だったとする見解もあるけれど、それでも曹操軍がこの時期に急速に拡張していたことは森本淳氏の研究でも明らかになっている。

それにこの時代、群雄が彼らのようなまつろわぬ武力集団を支配下に組み込むこと自体は珍しくない。ただその手の集団は制御が難しい。たとえばずっと後に劉備が戦う益州《えきしゅう》の劉氏政権は、青州兵に似る「東州兵」の力で益州を支配したものの、結局はその存在が原因で身を滅ぼすことになる。曹操軍中でも青州兵がしばしばトラブルを起こしたと『三国志』に記録される。それでも曹操は青州兵を、貴重な軍事のみに従事する集団として巧みに用い続けた。曹操と青州兵との間に個人的な結びつきがあったのではと指摘する研究者もいる。

曹操の力の源泉

1. 青州兵

黄巾の残党たちで、青州から兗州に流れてきた者たち。当初は曹操と戦ったが、最後には降り、曹操の支配下に入った。その数、30万。

2. 名士の抜擢

曹操は、誰よりも人材を愛し、重んじた。荀彧、荀攸、郭嘉、鍾繇、司馬懿、陳羣、華歆などの名士がいる。

3. 屯田制

民に乱世で荒廃した土地を分け与え、税を徴収。それによって国の財政が安定した。

4. 天子奉戴

後漢の献帝を戴き、自らは宰相として仕え、実質的な権力を握った。

曹操の雄飛を助けた第二は、「名士」たちである。曹操が兗州に基盤を得たことと前後して、初期の曹操政権を支える人材の多くが参入している。その筆頭格が、荀彧《じゅんいく》である。

かつての清流派の流れをくむ荀彧は、渡邉義浩が典型的な「名士」と見なす人物である。「名士」とは、名声を自分の存立基盤とする知識人たちのことであるが、彼らの最大の武器は、「名士」間の人的ネットワークと在地豪族に対する影響力にあった。荀彧は、その人的ネットワークが生む情報網でその後の基本戦略を立てるとともに、多くの人材を推挙した。荀攸《じゅんゆう》、郭嘉《かくか》、鍾繇《しょうよう》、司馬懿《しばい》、陳羣《ちんぐん》、華歆《かきん》。曹操は誰より人材を愛し、人材を重んじた英雄だけれど、それを可能にしたのが「名士」の力なのである。

それゆえ、荀彧が参入したとき、曹操は「我が子房《しぼう》だ」と言って大喜びしたという。子房とは張良《ちょうりょう》のこと。前漢を開いた高祖劉邦《りゅうほう》の幕下で随一の功臣であった。曹操は荀彧を右腕として深く信頼し、荀彧もまた曹操の覇権を支え続ける。曹操が漢を滅ぼそうとするその時までは。

屯田制

要因の第三である屯田制は、曹操の土地政策（経済政策）である。

中国の土地制度では理念上、すべての民に平等に土地を与えることが理想とされてはいたものの、やがて貧富の拡大によって、豪族が分を越えた大土地を占有するようになる。一部の豪族ばかりが土地を抱え込めば、貧農は土地を失って小作人か流民になるしかない。

豪族の大土地所有は、長らく国家にとっても頭の痛い問題だった。民が土地を失って税を納める能力も失くしてしまえば、その分国家の税収が落ち込むことになる。しかしさりとて豪族の土地を取り上げて民に再分配しようにも、当たり前だが豪族がすんなり従うわけはない。前漢後期あたりから、豪族の土地占有を制限しようとする試みは何度となく行われたものの、いずれも実効性に乏しかったり、豪族の反発によってかえって国を衰亡させることになったりと、ことごとく失敗してきた。

これに対し曹操には——幸いにと言うべきなのか、乱世のせいで荒廃して放棄された土地があった。これを整備して流民に与えれば、豪族の土地に手を出すことなく、民に安定した資産を持たせることができる。そうすれば税収を安定して確保できる。これを曹操の屯田制という。

ただ屯田制は民にとっていいことばかりではなかった。屯田の民は、一般の庶民とは別の戸籍に登録されて区別され、重い税を課された。一般の民の田にかかる税率がおおよそ収穫の三パーセントだったのに対し、屯田民の税率は耕牛を持つ者なら五割、持たない者は六割にもなった。もちろん税には田税以外にも労役や徴兵の税があったのでここだけで単純比較はできないにしても、それでも格差が大きすぎる。それにも関わらず曹操の屯田が一定の成功を収めたのは、それだけ民にとって土地を持てるか否かが死活問題だったからだろう。

こうして経済力を確保し、戦争のための兵糧を蓄えた曹操は、さらに躍進していく。

実は過酷だった屯田制

屯田の民の税率

・耕牛を持つ者　⇒　5割
・持たない者　⇒　6割

一般の庶民

3%

税率は一般の庶民の17～20倍
↓
それでも民は土地を求めた

徐州虐殺

兗州という大きな足掛かりを得、また袁術も退けた曹操は、次に徐州の陶謙に狙いを向ける。だがここで悲劇が起こる。

太祖（曹操）の父の曹嵩《そうすう》は、官を辞したのち故郷の譙《しょう》県に帰った。董卓の乱により、琅邪《ろうや》郡に避難していたが、陶謙に殺害された。ゆえに太祖の望みは復讐にあり、東へ行き陶謙を攻めた。

『三国志』武帝紀

正史『三国志』では、曹嵩を殺害したのは陶謙であるとはっきり記し、そのために陶謙は曹操の侵攻を受けることになったとする。しかし、裴松之《はいしょうし》の注釈が引く他の歴史書には、いささか異なった事件の顛末も記される。

太祖は泰山太守の応劭《おうしょう》に、家族を兗州まで送らせようとした。応劭の兵が到着しないうちに、陶謙が密かに数千騎を派遣して曹嵩らを捕らえさせた。曹嵩の家族は応劭の迎えだと思い、備えをしていなかった。曹嵩は恐れおののき、裏手の垣から脱出しようとしたが、妾が太っていたため出ることができなかった。曹嵩は廁へ逃げ、妾と一緒に殺害され、一族はみな死んだ。　郭頒《かくはん》『魏晋世語《ぎしんせご》』

太祖が曹嵩を迎えるために、（家財を乗せた）輜重《しちょう》は百両余りあった。陶謙は都尉《とい》の張闓《ちょうがい》を派遣し、騎兵二百人を率いて護衛させた。張闓は泰山郡で曹嵩を殺し、財物を奪い、出奔した。太祖は陶謙に咎を被せ、そのためにこれを攻めた。　韋曜《いよう》『呉書《ごしょ》』

『三国志』と『魏晋世語』が陶謙を事件の黒幕にすることに対し、『呉書』では原因は陶謙の部下の暴走として、曹操が陶謙を攻めたのは罪を転嫁したからにすぎないと主張する。

『呉書』は、呉で公式に編纂された歴史書であるため、当然ながら敵対する魏には厳しい。また後述するように、呉はこの事件の舞台になった徐州出身者が多い国である。それゆえ、徐州侵攻の原因を曹操の理不尽に求めようとする思惑が働いていた可能性もある。逆に西晋で編纂された『三国志』と『世語』では、あくまで非は陶謙にだけあるとされる。真相がどちらにあるのかはわからない。けれども、徐州侵攻の発端が曹嵩の死にあることでは三書ともが一致する。

父を殺された曹操の怒りはよほど激しかったのだろう。苛烈な曹操の侵攻は、徐州の民にまで甚大な被害を与えた。『三国志』はそのさまを、「軍が通るところは殺戮されるものが多かった」（武帝紀）、「死者は万を数え、その死体で河が堰き止められた」（陶謙伝）と書く。立場上、基本的には曹操を正当化する『三国志』にすらこう書かれるということは、おそらく相当の虐殺が行われたのだろう。裴松之も、「罪人を討伐し民をいたわることは、古《いにしえ》の規範である。罪は陶謙にあるのに、その民を殺した過ちである」という史家の批評を引用して曹操を批判する。

非道の代償はすぐにやってきた。徐州征討のさなかに、本拠である兗州で張邈《ちょうばく》・陳宮《ちんきゅう》が呂布を招き入れて乱を起こす。当時の呂布は、長安から逃れたのち袁術や袁紹を頼ろうとして拒絶され、居場所を定められないでいた。またその呂布を引き込んだ陳宮は、かつては曹操を兗州牧に戴くことに奔走したひとりであり、一方の張邈は曹操の昔馴染みで、反董卓連合でもともに戦った朋友である。曹操は出征前、家族に「万

徐州征伐

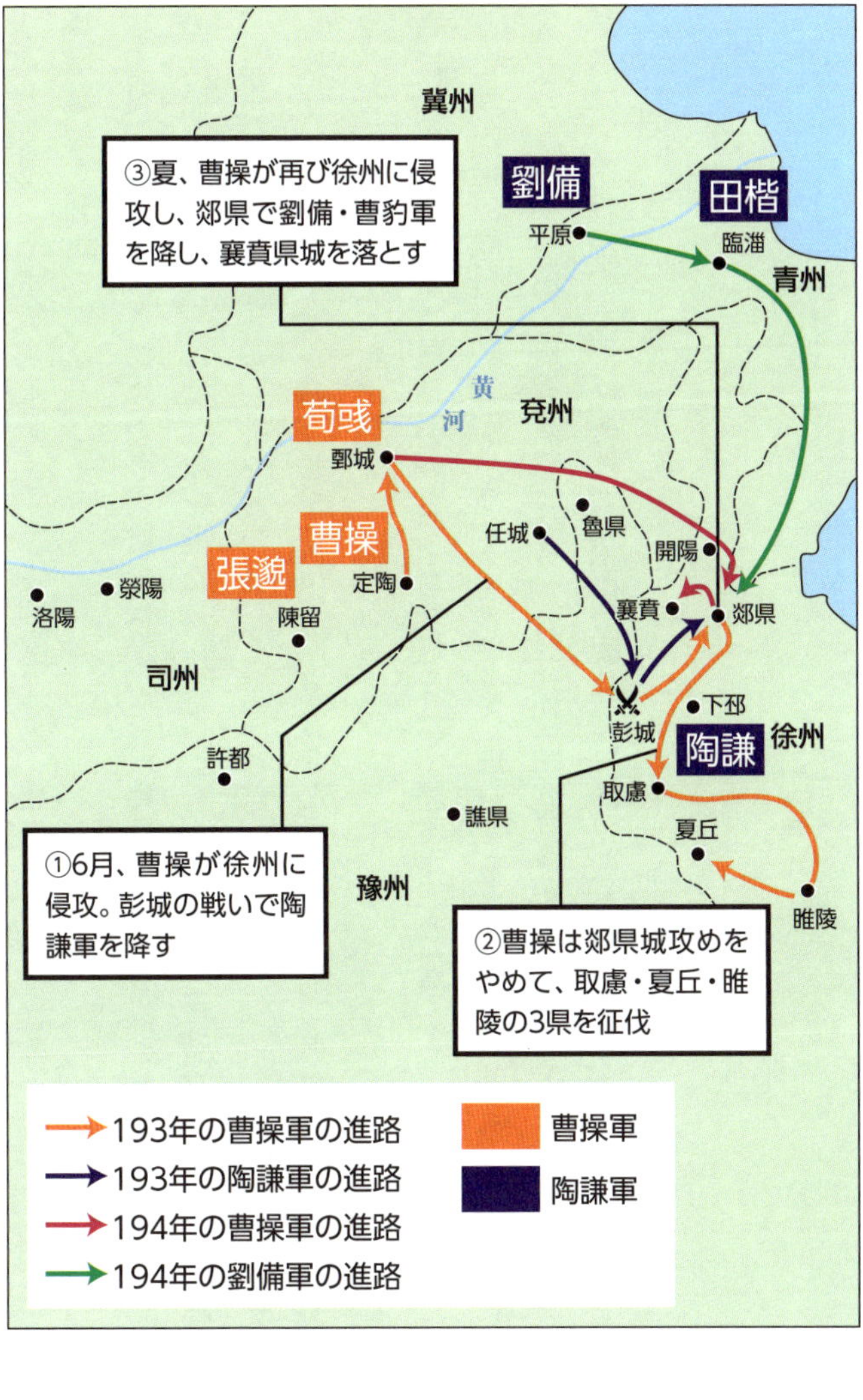
冀州
③夏、曹操が再び徐州に侵攻し、郯県で劉備・曹豹軍を降し、襄賁県城を落とす
劉備
田楷
平原
臨淄
青州
黄河
兗州
荀彧
鄄城
曹操
張邈
任城
魯県
開陽
定陶
滎陽
洛陽
陳留
襄賁
郯県
司州
下邳
彭城
陶謙
徐州
許都
取慮
譙県
夏丘
①6月、曹操が徐州に侵攻。彭城の戦いで陶謙軍を降す
豫州
睢陵
②曹操は郯県城攻めをやめて、取慮・夏丘・睢陵の3県を征伐
193年の曹操軍の進路
193年の陶謙軍の進路
194年の曹操軍の進路
194年の劉備軍の進路
曹操軍
陶謙軍

一のときは張邈を頼るように」と言い残すくらいに張邈を信頼していた。そんな彼らに曹操は裏切られた。

曹操を見限ったのはこのふたりだけではない。渡邉義浩は、曹操の徐州虐殺が「名士」の反発を招き、さらには虐殺を批判した「名士」のひとりを曹操が誅殺したがために、兗州全体を巻き込む反乱へと発展したのだと言う。曹操は、荀彧・程昱《ていいく》たちが拠点を死守したおかげでかろうじて兗州に帰還できたものの、乱の平定には一年以上を費やさざるをえなかった。

さらに禍根は後々まで尾を引いた。石井仁氏は、諸葛亮《しょかつりょう》や魯粛《ろしゅく》がそうであるように、蜀漢《しょくかん》と呉《ご》の中枢に徐州出身者が少なくないことに注目する。おそらく彼らは徐州虐殺から逃れた「名士」の一部なのだろう。石井氏は、曹操がついに天下を統一できなかったのは、虐殺が生んだ反曹勢力が南へ流れたためではないだろうか、と指摘している。

天子奉戴

武力的には兗州の乱を鎮めた曹操だが、虐殺で失った名声を回復する必要があった。そこで曹操は荀彧の進言に従い、寄る辺《べ》のない献帝《けんてい》を保護することを決める。この時献帝は、李傕《りかく》・郭汜《かくし》の政争で混乱する長安を脱出し、苦難の果てに洛陽まで帰還していた。後漢の皇帝という大義名分を戴くことで汚名を雪《そそ》ぎ、群雄の中で一歩抜けた立場に登ろうとしたのである。

たしかにこの時期、一種の宙づり状態にあった献帝を利用しようとする勢力は少なくなかった。腐っても鯛は鯛だ。袁紹もまた、配下の「名士」から献帝奉戴を勧められている。けれども袁紹はこの進言を退けた。

楚漢《そかん》戦争の時代、項羽が一度は擁立した義帝を殺《あや》めて名声を失ったように、このような権威を利用することは、ある時には大きなリスクも生む。あるいは、敵対勢力に「曹操は皇帝を傀儡にしている」という大義名分を逆に与えることにもなりかねない。実際、袁紹も孫権も劉備も、曹操の専横を戦うことの大義名分に掲げている。

そもそも、逆臣董卓が強引に擁立した献帝に正統性があるのか、リスクに見合うだけの権威が後漢と献帝にまだあるかどうかという根本的な問題もあった。そのため袁紹は連合瓦解の直後に、劉虞《りゅうぐ》という皇族を新たな皇帝に擁立しようとしている（劉虞自身の拒否で失敗しているが）。

それでも曹操は、あえて漢を利用する道を選ぶ。それほどまでにこの時点での曹操にとって、徐州虐殺で失った「名士」の支持を取り戻すことが緊急の課題だったのだろう。

曹操という人物が、最終的にどこまでの野心を抱いていたか、現在ではもちろんわからない。けれども少なくともこの時に、曹操が自分の代で漢を滅ぼすこと——自ら皇帝となることは限りなく難しくなったと言っていい。

こうして建安元（一九六）年、献帝を奉戴した曹操は、都を洛陽から本拠に近い許《きょ》県（現在の河南省許昌市《きょしょう》）に遷す。そして三公のひとつである司空《しくう》に任じられ、さらに車騎《しゃき》将軍・録尚書事《ろくしょうしょじ》・司隷校尉《しれいこうい》などの権限も兼ねる（兗州牧も留任）。車騎将軍は将軍号の第三位、録尚書事は当時の実質的な行政機関だった尚書台を統《す》べる権限、司隷校尉は首都圏の行政長官。名目の上では後漢の最高権力者となったのである。

天子奉戴で曹操が得た権力

三公（トップ官僚）の司空（土地と人民を司る）

車騎将軍（将軍号の第三位）

録尚書事（行政機関の長）

司隷校尉（首都圏の行政長官）

兗州牧も留任

青州兵（軍事基盤）、「名士」（人的基盤）、屯田制（経済基盤）、天子奉戴（正統性）という四つの基盤を手中にした曹操は、ふたたび周辺地域の制圧に乗り出す。そして建安三（一九八）年に徐州で呂布を滅ぼし、翌年に淮南の袁術を滅ぼす。もちろんその間も順風満帆とはいかなくて、とくに劉表の後援を得て荊州北部に割拠した張繡《ちょうしゅう》にはたびたび苦杯を嘗めさせられ、建安二（一九七）年には忠臣典韋《てんい》と息子曹昂《そうこう》を失う大敗も喫している。

河北の王者

曹操が河南一円を支配するに至るまでの一九〇年代、しかし曹操以上に勢力を拡張させた群雄がいた。もちろん袁紹である。

袁紹は、字を本初《ほんしょ》、豫《よ》州汝南《じょなん》郡の人。先述のように「四世三公」の名門の生まれである袁紹は、霊帝《れいてい》崩御後の何進《かしん》対十常侍《じゅうじょうじ》の政争でも主導的な活躍をし、反董卓連合でも盟主に戴かれるなど、混迷期の当初から大きなアドバンテージを持って、常に時代の中心にいた。けれども同族の袁術が没落していったように、出自だけでは乱世を勝ち抜くことはできない。袁紹は若い頃から威厳があり、しかし士大夫に対してよく遜ったため、多くの「名士」が袁紹と交友したという。時の権力者の宦官に反発し、董卓に屈しない気概もあった。袁紹は自分と自分の家の名声を巧みに利用し、「名士」の支持を獲得し、これを尊重することで実力を伸ばしていく。

歴史書に描かれる袁紹の戦略は、まさしく王道と言える。連合瓦解後の袁紹が、真っ先に冀州を抑えたことは前に書いた。当時の冀州は経済的にも他州に勝り、また

「冀州強弩《きょうど》」という精強な弩兵《どへい》部隊を輩出する土地でもあった。ただ冀州と言えば、黄巾の乱の主戦場となった場所であり、少なくない被害があったはずである。それでも反董卓連合のとき、時の冀州牧の韓馥が、「冀州は他州より、弱いということはございません。他人の功績が、冀州の右に出ることはないでしょう」と配下に説得されて挙兵に踏み切ったように、やはり冀州の力は群を抜いていたらしい。韓馥はその後、盟友袁紹に冀州を騙し取られるのだが。

また袁紹が冀州を抑えたのは実利の面からだけではなかった。かつて、後漢を開いた光武帝劉秀《りゅうしゅう》は、まず冀州に拠点を得ることで、北方異民族の勢力を吸収し、河北地域を支配下に収めたうえで、南下して洛陽・長安を奪った。袁紹の戦略は、その光武帝の輝かしい戦略の踏襲だった。

袁紹はその戦略に従い、冀州の支配を固めつつ、北方の幽《ゆう》州に軍を進める。当時、その地を抑えていたのは、袁術派閥の公孫瓚。北方異民族との戦いで名を馳せ、白馬のみで編成した精鋭騎兵「白馬義従」を擁した群雄である。劉備の学友でもあり、旗揚げ当初の劉備は公孫瓚のもとに身を寄せていた。

この公孫瓚は、「名士」の登用という点で袁紹とは対照的だった。公孫瓚は、「名士」を高い地位に就けることはなく、代わりに商人など力はあっても社会的地位の低い者と「兄弟同然」の交わりをして重用したという。曰く、「名士を取り立ててやったとしても、彼らは自分たちがそのような地位に就くことを当たり前と考え、吾《わたし》に恩を感じることはないだろう」と。公孫瓚の言う通り、自己の名声によって独自のネットワークを築く「名士」は、国家権力（君主権力）に囚われない力を持つ。だからこそかつては後漢国家も、「名士」の源流である「党人」たちの自律性を危険視して、弾圧を加えた。公孫瓚もまた「名士」を用いず、自身と任侠的に繋がる商人たちの経済力を背景に精強な軍事力を得、自己の君主権力の強化に努める方針を選んだ。

しかし公孫瓚は敗北した。たとえ強い軍隊を組織できても、戦争に勝利するための情報を得ること、地域の安定支配を得ることには、「名士」の協力が不可欠だった。公孫瓚の敗北からは、この時代における「名士」の力の大きさを見ることができる。そしてその力を最大限利用することに成功した袁紹は、公孫瓚との戦いを制し、最終的には冀州・幽州・并《へい》州・青州の四州を手中に収めた。

かつて曹操は袁紹からその戦略を披露された時、「はたして昔と同じようにいくだろうか」と疑問を呈したと言う。いくら光武帝の先例があったとしても、それをな

袁紹が公孫瓚を攻略

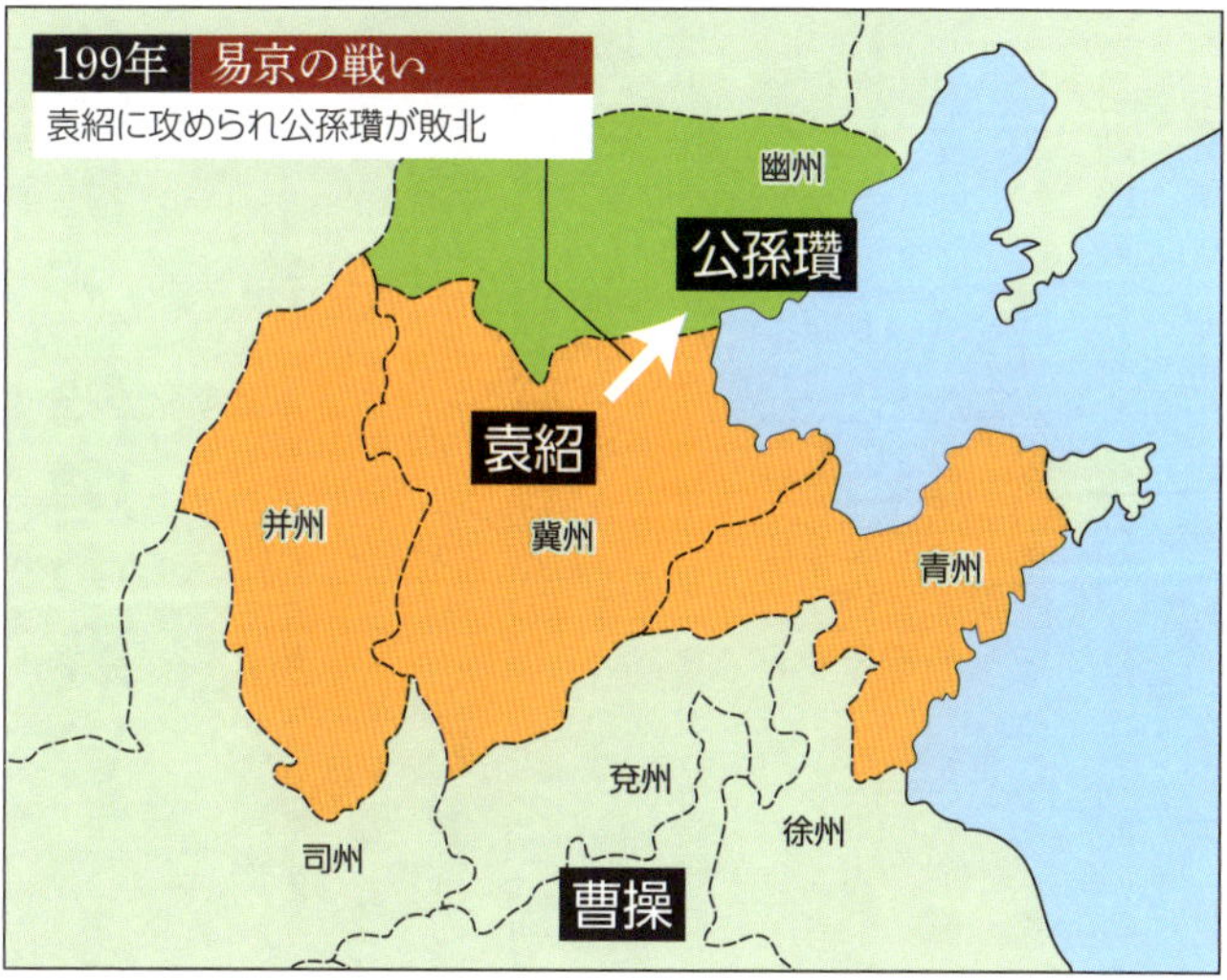

ぞって天下を取れるとは限らない。

しかしこの時点での袁紹は現に、河北四州を収め、また光武帝と同じように北方異民族である烏丸《うがん》の騎兵集団（烏丸突騎《とっき》）の協力を引き出すことに成功している。間違いなく、当時において四海最強の群雄だった。

そして光武帝の戦略に照らせば、河北を制したのちは中原に進出し、都である洛陽・長安を掌握する。そして光武帝は二都奪還がほぼ射程に入った時点で、皇帝を称した。はたしてその通りに、袁紹もまた南下を開始する。時に建安五（二〇〇）年。袁紹はもっとも雄大であった。

白馬・延津の戦い

袁紹の大軍に対し、曹操は徹底して機動力で対抗する。まず曹操は、この直前に徐州で反旗を翻していた劉備を自ら攻める。諸将は、袁紹が今にも攻めてこようとしているのに危険がすぎると反対するが、劉備の器を警戒する曹操は、電光石火で劉備を破る。はたして袁紹は動けなかった。『三国志』袁紹伝には、このとき袁紹が、曹操の背後を突くよう配下の田豊《でんほう》に進言されながら、末子の病気を理由に出兵を拒んだという逸話を載せるが、さすがに袁紹を優柔不断に描く作為があるのではないか。袁紹には田豊の進言を容れられない理由があったのだろう。曹操に敗れた劉備は、袁紹のもとに逃れる。またこのとき、敗れた関羽が曹操に一時降伏している。

後顧の憂いを断った曹操は、ついで袁紹軍の先遣隊に包囲される白馬県の救援に向かう。しかし曹操は直接白馬には行かず、まず延津《えんしん》に行き敵の背後を襲うよう見せかける。陽動作戦である。袁紹が延津方面に気を取られた隙に、曹操は軍を返して白馬に急行、先遣隊の大将である顔良《がんりょう》を討つ。この時に先手を務めたのが関羽であったといい、『三国志』関羽伝には関羽自ら顔良を討ったとある。この手の将軍の個人的武勇は歴史書では珍しい。かくして曹操は、白馬の守備軍を撤退させることに成功する。

曹操の動きは止まらない。袁紹が文醜《ぶんしゅう》・劉備に大軍を率いさせ、黄河を渡って追撃してくると、撤退中の白馬軍をおとりとして、袁紹軍をギリギリまで引きつける。そして袁紹軍の騎兵が追撃によって乱れはじめたのを見た上で、伏兵で強襲して文醜を討った。一連の作戦を立案したのは、曹操幕下で随一の参謀、荀攸であるという。緒戦において「名将」だった顔良・文醜が立て続けに討死にしたことで、袁紹軍は大いに動揺したと『三国志』にはある。兵法書として現在でも有名な『孫子』によれば、味方の兵が少なく相手との兵力差が大きい場合は、運動戦を行うべしとある。軍を動かし、敵軍を翻弄して分断することで、局地戦に持ち込むのである。白馬・延津の戦いにおける曹操軍の動きは、『孫子』の理にかなっている。

曹操は、『孫子』の研究者としても名高い。『孫子』のテキストを現在のかたちに整理し、注釈を施したのが他ならない曹操である。魏の武帝（曹操）の注釈であることから『魏武注孫子《ぎぶちゅうそんし》』と呼ぶ。後世の『孫子』研究で非常によく読まれ、私たちが目にする『孫子』は、基本的にはすべてこの『魏武注孫子』から出ている。

白馬の戦い（200年）

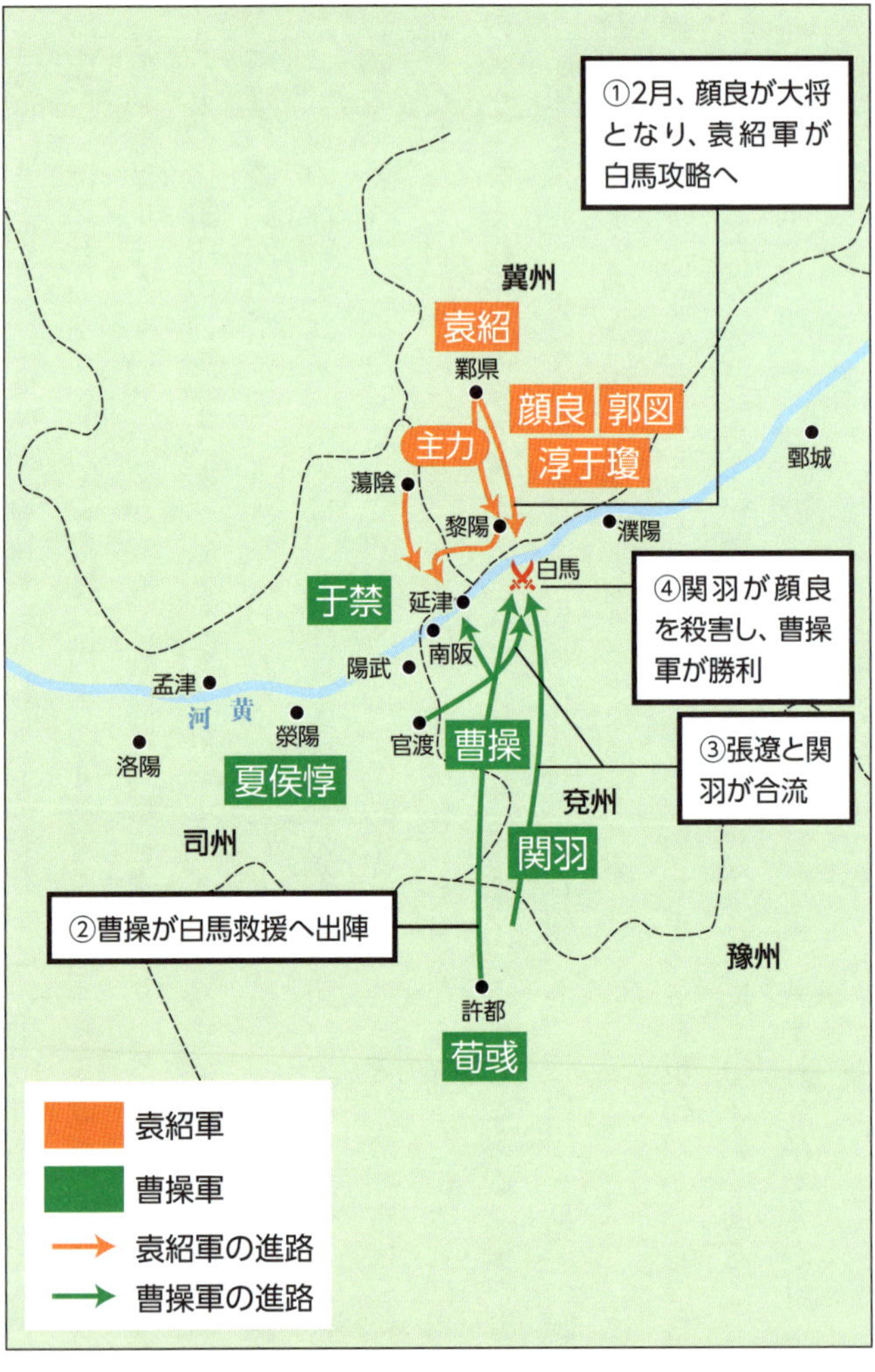
①2月、顔良が大将となり、袁紹軍が白馬攻略へ
冀州
袁紹
鄴県
顔良
郭図
淳于瓊
主力
蕩陰
黎陽
鄄城
濮陽
白馬
④関羽が顔良を殺害し、曹操軍が勝利
于禁
延津
南阪
陽武
孟津
河
黄
滎陽
官渡
曹操
③張遼と関羽が合流
洛陽
夏侯惇
兗州
司州
関羽
②曹操が白馬救援へ出陣
豫州
許都
荀彧
袁紹軍
曹操軍
袁紹軍の進路
曹操軍の進路

延津の戦い

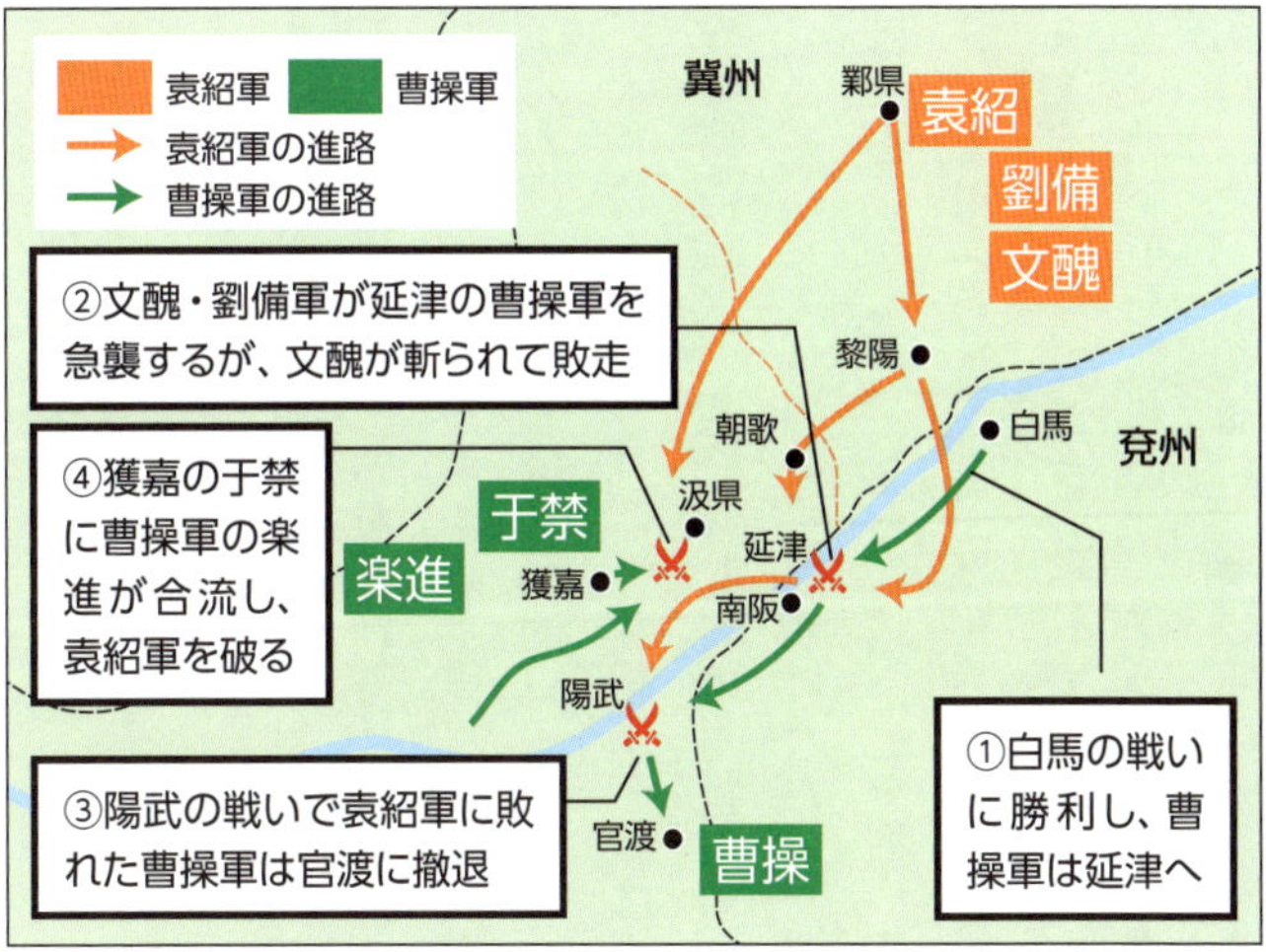

しかも曹操は、机上の学問としてのみ『孫子』に注釈をつけたのではない。『三国志』には、曹操が実際に『孫子』の理念と兵法に則っていたらしい様子がある。魏で編纂された歴史書『魏書』は、「その行軍や用兵は、おおよそ『孫子』・『呉子《ごし》』の兵法に依《よ》っていた。事に応じて奇を用い、敵を詐《いつわ》って勝ちを制し、その変化は神のようであった」と開祖曹操の軍事的才気を称賛し、『三国志』もまた、「韓信《かんしん》・白起《はくき》の奇策に通じていた」と古の名将になぞらえる。白馬・延津の戦いは、そんな曹操の面目躍如の戦いであった。

官渡《かんと》の戦い

もちろん袁紹も負けてばかりではない。緒戦では挫かれたが、大軍を恃みとして黄河を渡り、曹操軍に圧力をかける。数に押される曹操は、官渡の城塞にこもって守りを固める。袁紹は官渡城を遠巻きにしつつじわりじわりと前進し、戦線は東西数十里におよんだ。運動戦とは対照的に、このように戦線を拡大させて相手を包囲する陣地戦は、大軍に有利とされる。袁紹軍の戦法もまた兵法の理にかなっていた。

堅牢な官渡城に、袁紹は物量で対抗する。土山を築き、さらにその上に櫓《ろ》を設けることで高所から大量の矢を射かけたため、曹操陣営ではみな楯を被りながら行動しなくてはならなかった。さらに地下道を掘って地下からの急襲を狙う。これは公孫瓚との戦いでも用いられ、「十重の塹壕と土塁を設け、四桁にものぼる楼閣を築いた」とされる易京《えきけい》城を陥落させた戦法だった。これに対し曹操は、陣営内に新たな塹壕を掘ることで地下道を断ち切り、無効化する。また土山や櫓に対しては投石車でことごとく打ち砕いた。袁紹軍は、曹操軍の投石車を「霹靂車《へきれきしゃ》」と呼んで恐れたという。

しかしこのような大量の土木工事を伴う持久戦では早晩、人的資源に勝る袁紹の大軍が有利になる。物資も尽きかけていた。そのときの窮地を『三国志』武帝紀は、「公（曹操）の軍勢は一万にも満たず、戦傷を負った者は十のうち二、三人におよんだ」と記す。さすがにこれは誇張であろうと裴松之ですら批判するけれども。

ただやはり曹操は追い込まれていたのだろう。許都《きょと》で留守をまもる荀彧に手紙を送り、官渡城を放棄して許都まで撤退することを相談している。これは『孫子』虚実篇にもとづく、退却によって袁紹軍を自領深くまで誘い込む戦略ではあった。しかし荀彧は、「袁紹は兵をこぞって官渡に集め、公と勝敗を決しようとしております。公は至弱《しじゃく》を以て至強《しきょう》にあたっておられるのです。もし制することができなければ、必ずや袁紹を勢いに乗せることでしょう。今こそが天下の大機なのです」と、決戦の機は今ここにこそあると説いて、撤退に反対した。

結果的に、荀彧が言う機はほどなく訪れた。袁紹方の謀士である許攸《きょゆう》が不遇を恨みに曹操方へ寝返って、袁紹軍の兵糧基地が烏巣《うそう》にあるという情報をもたらしたのである。補給を潰されては、袁紹は大軍を維持することができない。千載一遇である。側近の者は許攸の情報を疑ったが、曹操は智囊《ちのう》である荀攸・賈詡《かく》の進言を容れて出陣する。自ら五千の兵を率いて、電撃的に烏巣を急襲。ろくな備えをしていなかった烏巣はあっという間に陥落した。袁紹も対策をしなかったわけではない。烏巣が襲撃されていることを知ると、一軍を烏巣の救援に送った上で、主力に官渡城を攻撃させる。「奴が烏巣を攻めるのに乗じ、吾も攻撃して奴の本陣を陥とそう。奴に帰るところはもとよりない」という戦略だった。ある地点を救援するために、そちらを直接救援するのではなくあえて敵の急所を攻めることは、これも孫子にかなった兵法ではあった。事実、かつて曹操もこれと同じ用兵で勝利したことがある。

しかし兵法通りにすれば必ず勝利できるわけでももちろんない。後知恵ではあるけれど、袁紹は機を見誤っていた。官渡の守りは固く、攻めあぐねているうちに烏巣を失う。また人の使い方にも問題があった。この時袁紹は、全力で烏巣の救援を優先すべきと説いた将軍張郃《ちょうこう》の主張を退けたばかりか、その張郃に官渡攻めの指揮を執らせた。進言を退けられた将軍が、それと反対の策を命じられてそれでも全力を尽くすだろうか。敗北を悟った張郃は曹操に投降し、袁紹軍は瓦解した。

かくして、中華で最強を誇った袁紹はあと一歩まで曹操を追いつめながら、天下分け目の戦いで敗れた。失意の袁紹は、この二年後に病没する。

白馬の戦いから官渡の戦いへ

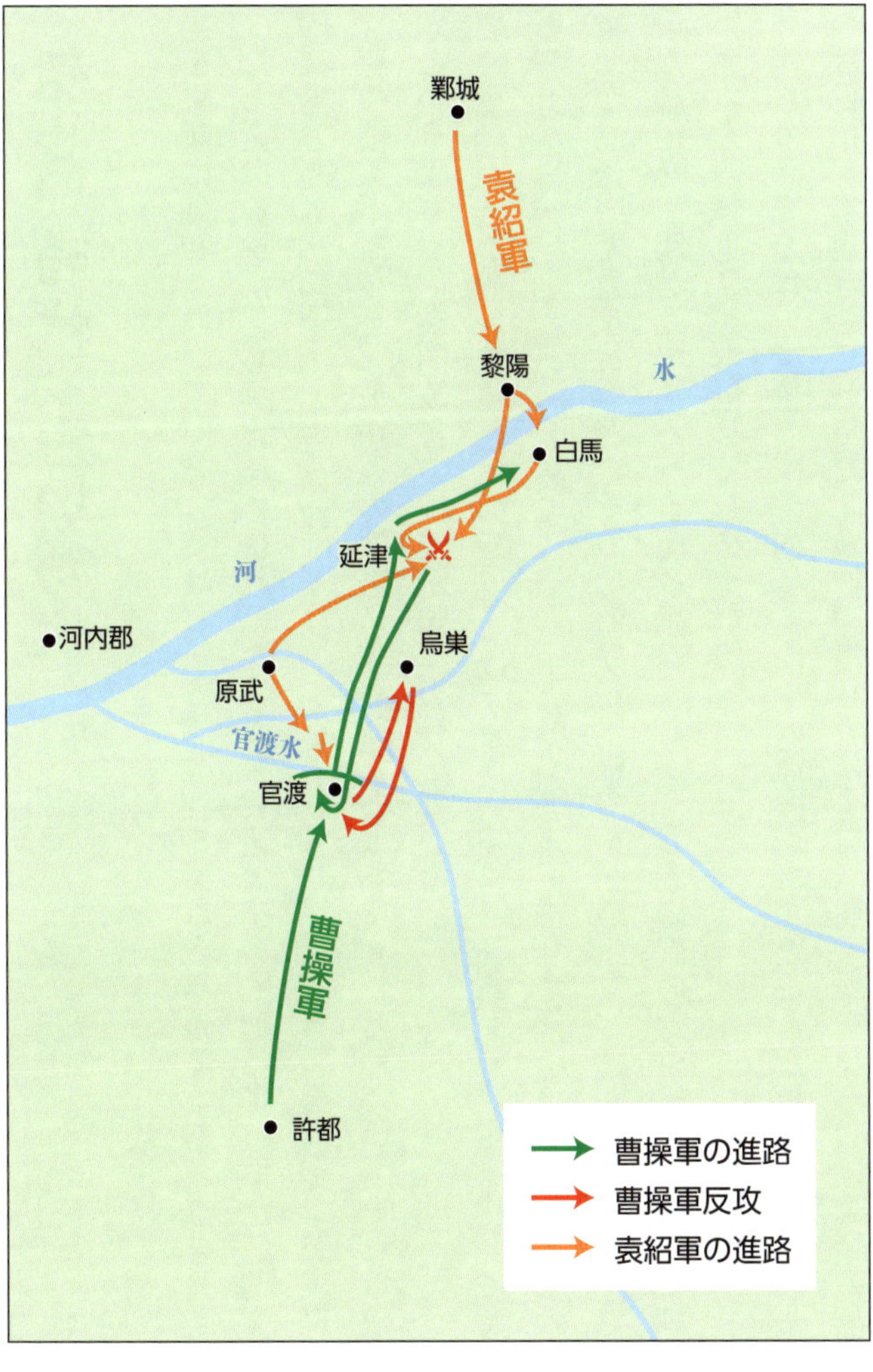

新しい時代、古い時代

曹操を果断に見せたい『三国志』では、一方で敗者である袁紹の優柔不断さを強調する。たとえば曹操が自ら劉備攻めに赴いた時にも袁紹は迷って動けず、また烏巣襲撃の際にもどっちつかずの二方面作戦を採って失敗した。しかし、『三国志』が表現する袁紹の優柔不断さを、彼個人の性格に求めることはあまり正しくない。それは個の問題というよりも、袁紹政権の性質が強く影響している。

袁紹政権が「名士」を尊重していたことはすでに述べた。「名士」は在地社会に大きな影響力を持ち、またその人的ネットワークが生む情報も有益だった。ただ「名士」集団が政権内で力を持つと、その反面で君主権力を弱めることにもなる。平時では円滑な統治を実現したであろう袁紹政権は、しかし官渡の戦いという一大決戦では、その集団ゆえの鈍重さが露呈してしまった。

石井氏らの研究では、袁紹の陣営内にふたつの派閥があったことが指摘されている。ひとつは袁紹が本拠としていた河北地域の出身者による派閥。もうひとつは袁紹の故郷に近く、多くの「名士」を輩出する地であった河南地域の出身者による派閥。それぞれの派閥にはそれぞれの情報網があり、またそれぞれの思惑があった。両派閥は、河北平定後にどのような方策をとるべきか、河南に進出して曹操と戦うべきか、軍を誰に委ねるべきか、烏巣救援と官渡攻撃どちらを優先すべきかと、事あるごとに意見を違えた。君主である袁紹は、そのいちいちの情報と判断を裁かなくてはならなかったが、おそらくそこに躓いたのだろう。『三国志』が描く袁紹の優柔不断の実態は、そのような集団としての意思の分裂にあった。

袁紹の名士・豪族政策は、基本的に後漢のそれを踏襲している。豪族は、民への直接支配を阻む存在として、しばしば国家権力と対立する。しかし後漢は彼らと協調し、また彼らを官僚として国家権力に取り込むことを選んだ。豪族に対して寛《ゆる》やかな態度で臨み、その支配力を利用する「寛治」は、後漢の豪族政策の特徴であると渡邉義浩は言う。袁紹もまた豪族や、その延長である「名士」を重んじた。その意味でも、袁紹の戦略はやはり後漢の王道を行くものだった。しかし寛治は長く続くと、豪族の更なる伸張や官僚同士の腐敗も生む。後漢を蝕んだ原因はそこにある。

この寛治に相対する概念を「猛政」と言う。国家権力のもと、法や礼によって民を厳しく管理する政策であり、かつて中華統一を成し遂げた始皇帝の法治主義に近い理念と言える。けれども秦が短命に終わったように、過剰な猛政はやがては反発を生む。

そのため儒教は、寛と猛をバランスよく相互に行う「寛猛相済《かんもうあいすくう》」を理想とする。曹操の恩師である橋玄《きょうげん》が実行した方針であり、そして曹操自身の方針でもあった。曹操も、袁紹と同じように「名士」である荀彧たちを基本的には尊重する。しかしその一方で、時に「奸雄」と揶揄されるような苛烈さ、また急所を見定めて自ら奇襲部隊を率いるような、君主である己の判断に身を委ねる鋭利さも見せる。後漢の限界を乗り越えようとする曹操の猛政への志向が、官渡の戦いの明暗を分けたのだろう。

しかし、旧時代の栄光に倣う袁紹もまたしぶとく、強かった。後世から見れば、袁紹は時勢を読み誤ったと言えるかもしれない。ただ、『三国志』には、官渡での勝利後、袁紹の本営から曹操配下の手紙が多数見つかったという逸話を載せる。また曹操は勝利の後も、袁氏の旧領である河北を平定するまで七年もの歳月を費やしている。それだけ袁紹亡きあともその支配は強固だった。「古い」袁紹と「新しい」曹操のどちらが優れていたか、どちらが時勢にかなっていたかは現在では一概には言えないし、曹操はそれだけにギリギリのところで旧時代の在りようと戦っていたのである。

第四章

赤壁に至る道

髀肉《ひにく》の嘆

曹操《そうそう》が河北《かほく》を手中にしようとしていた二〇〇年代。その頃劉備《りゅうび》は、荊州《けいしゅう》の劉表《りゅうひょう》のもとにいた。官渡《かんと》の戦いでは袁紹《えんしょう》に味方した劉備は、後方撹乱のため汝南郡《じょなんぐん》（現在の河《か》南省東南部）に派遣される。劉備はよく戦ったものの、袁紹本軍が敗れたために、曹操自らの討伐を受けて敗北。劉表のもとへ落ち延びて、その客将《きゃくしょう》として迎えられていたのだった。

劉表は、董卓《とうたく》の乱の時期から二十年近くに渡り荊州を保持した群雄で、また「名士」としても高い名声を博していた。当時の荊州は、華北《かほく》と異なって大きな戦火にも遭《あ》わず、またそこを治める劉表も「名士」の誉れ高い人物とあって、華北から逃れた士大夫《したいふ》たちの避難地になっていた。劉備もまたそうして流れ着いたひとりだった。

ただしその一方で、劉表は曹氏・袁氏に次ぐ勢力を有しながら、華北への介入には消極的だった。曹操が袁紹亡き後の河北を切り取らんとその息子たちと戦っていた時、背後の劉表は常に警戒すべき脅威であったはずだが、しかし劉表は機を逸し続ける。

とくに曹操が烏丸《うがん》討伐のため北方辺境まで赴いた時は、またとない好機だった。曹操の配下たちも、劉表の脅威を説いて遠征を諌《いさ》めている。しかし、ただ郭嘉《かくか》だけは、「劉表は座して議論するだけの人物です。劉備を任用することもできないでしょう」として遠征を勧めたという。果して郭嘉の慧眼《けいがん》の通り、劉備が曹操不在の許都《きょと》を襲撃するよう求めても、劉表は動くことができなかった。『三国志』は、劉表は外面は寛大だが内では猜疑《さいぎ》心に満ちていた、とその人物を評する。ゆえに北来の「名士」のなかにも、劉表の君主としての力量に疑問を持って距離を置く者が少なくなかった。

劉備はこうした劉表のもと、自分の勢力を持てず、その客将に甘んじて華北の情勢を傍観するしかなかった。ある宴席でのこと、厠《かわや》に立った劉備は、思わず涙を零《こぼ》す。怪訝に思った劉表が涙のわけを問うと、劉備は「吾《わたし》は常に馬上に身を置いておりましたが、今は久しく馬に乗ることがなくなったため、髀《もも》に贅肉がついてきておりました。月日は瞬く間に過ぎ去り、老境に入ろうとしておりますのに、何の功業も立てておりません。それが悲しいのです」と答えた。華北で曹操たちを相手に戦っていた頃、劉備はいくたびもの挫折を味わっている。けれども今はその戦場すら遠い。この「髀肉の嘆」の故事には、その劉備の鬱々たる日々が非常によく表現されていると思う。

劉備の生い立ち

この髀肉の嘆と前後して、劉備集団は質的な変貌を遂げるとされている。そこでまずは劉備の前半生から見ていこう。

劉備は、字《あざな》を玄徳《げんとく》、幽州《ゆうしゅう》は涿郡《たくぐん》涿県《たくけん》の生まれである。涿県は現在の首都である北京にほど近いが、当時では北方の辺境近くにあたる。その出自を『三国志』はこう記す。

先主（劉備）は、前漢《ぜんかん》の景帝《けいてい》の子である中山靖王劉勝《ちゅうざんせいおうりゅうしょう》の末裔である。祖父の劉雄《りゅうゆう》、父の劉弘《りゅうこう》は、代々州郡に仕えた。劉雄は孝廉《こうれん》に挙げられ、東郡の范県《はんけん》の県令に至った。先主は若くして父を亡くしたため、母とともに草鞋《わらじ》を売って蓆《むしろ》を織って生業とした。

『三国志』先主伝

この「若くして父を失い、母と草鞋を売って生業としていた」という部分の記述から、物語である『三国志演義《さんごくしえんぎ》』や、もしくは日本の吉川英治『三国志』などでは、劉

(写真/アフロ)

備は下層の出身で、貧しい農家の生まれのように描かれることが多い。けれども実際は、――柿沼陽平氏の本にわかりやすくまとめられているが、劉備は私たちが普通イメージする「庶民」とは一線を画する身分に生まれた。

『三国志』の記述のうち、前漢の景帝《けいてい》の末裔である、という箇所については、現在ではその真偽はもちろん確かめようがない。少なくともそれが当時の劉備政権の公式見解だった、と言うしかない。なので注目すべきは、劉備の家が代々「州郡」の役所に仕えた役人であったこと、祖父劉雄が孝廉に挙げられたこと、そして県令の地位まで出世したことにある。

何度か書いてきたように、後漢は地方の実際の支配を、土地の豪族に委ねてきた。つまり郡の役所で実際に行政にあたる役人は、そのままその土地の有力者とイコールであると考えていい。また当然ながら役人である以上は、識字能力が欠かせない。義務教育がある近代とは違って、当時において学を修めるというのは相応の経済力が必須になる。

そして郡の長官である太守《たいしゅ》は、支配に協力する有力者に見返りとして、彼らを中央の官僚へと推挙する。そのための登用制度が、孝廉なのである。そのため祖父劉雄が孝廉を通過している時点で、まず劉備の家が相当だったことがわかる。具体的な数字で言うと、孝廉の定員は人口二十万人ごとに年間一人だった。

後漢の人口は約五千万人。そのごくごく一握りのみが、孝廉という官僚としての出世コースに乗ることができたのである。そして孝廉を経てキャリアを積んだ官僚は、ふたたび地方に戻って太守・県令として支配に当たり、また豪族を官僚へと抜擢する。この豪族階級が国家官僚を再生産していくシステムが、後漢の地方支配の基本だった。

まとめると、郡の役人とは土地の有力者であり、イコール豪族であり、イコール知識人であり、イコール支配階級の末端を担う存在である。つまり劉備の家は、涿郡内でもかなり上の方の豪族なのであり、中国全人口のうちの〇・〇一五％の支配者階級に属するのである。

そういう意味で、劉備は決して下層の生まれではない。ただし、支配者階級の中で言えばあまりいい生まれとも言えない。祖父劉雄は県令までにしかなることができなかった。孝廉の通過後、官僚はほぼ年功序列的に出世していくから、おそらく劉雄は孝廉に推挙された時点でそれなりの高齢だったのだろう。わずか二十歳で孝廉を通過した曹操に比べると――トップ中のトップである曹氏と比べてしまうのも気の毒だけ

関羽

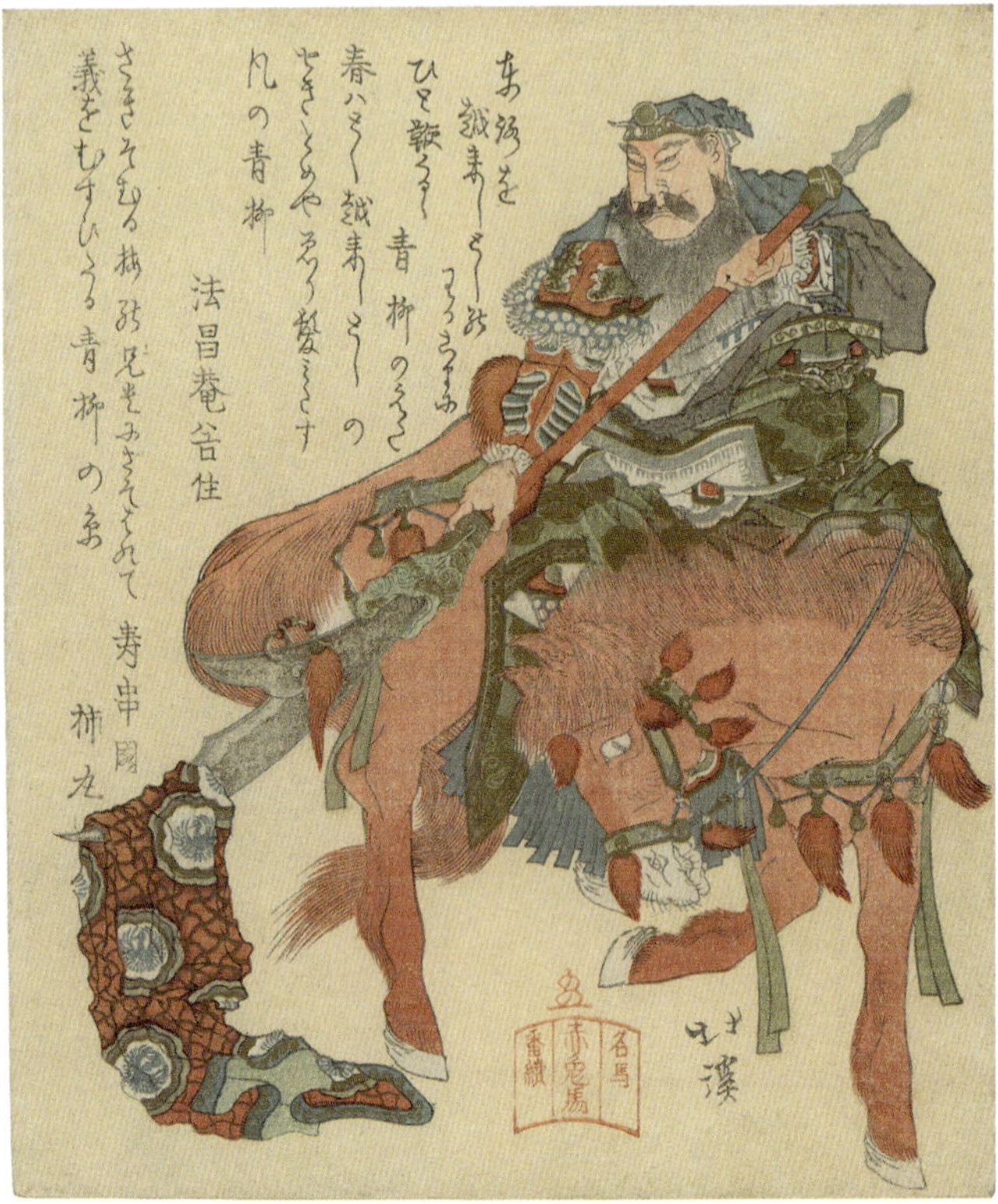

（写真／アフロ）

ど、天地の隔たりがある。

そのため劉備は、曹操のように社会の超高級階級である「名士」との繋がりを持つことは難しかった。代わりに劉備を支えたのは、関羽《かんう》や張飛《ちょうひ》など、アウトローの豪傑たちである。

『三国志』には劉備と関羽・張飛の関係は、「劉備は二人とともに寝て、恩は兄弟のようであった」とある。『三国志演義』が描く、劉備三兄弟の義兄弟の誓いはここから生まれた。また若い頃の劉備は、学問はあまりせず、音楽や美しい衣服を好み、豪傑と交わり、若者たちは争って劉備と親しくしたとある。旗揚げ初期の劉備に従ったのはそのような、士大夫から見ると社会階層の低い者たちだった。

群雄割拠の頃、劉備は兄貴分だった公孫瓚《こうそんさん》に従う。公孫瓚もまた、士大夫としてはあまりいい家柄ではない。彼が袁紹と違って「名士」を尊重できなかったのはそのこととも関係する。劉備はその公孫瓚のもとで各地を転戦し、群雄の間を渡り歩き、やがて自身も群雄としての頭角を現していく。乱世の戦いの中でのし上がっていった劉備を、満田剛氏などの研究者は、「さすらいの傭兵隊長」と表現している。

三顧《さんこ》の礼

『三国志演義』では、劉備は荊州時代、隠者である司馬徽《しばき》（水鏡先生《すいきょう》）と出会い、その零落の原因を人材がいないためであると指摘され、「臥龍《がりゅう》・鳳雛《ほうすう》」なる奇才のうち一人でも得ることができれば天下を治めることができると予言される。

もちろんこのシーンのほとんどはフィクションではあるけれども、いみじくも水鏡先生が指摘したように、史実においても劉備に足りなかったのは「人材」だった。劉備のもとには、関羽・張飛・趙雲《ちょううん》ら豪傑がいた。また麋竺《びじく》のように経済的に支える豪商がいた。折衝を行う孫乾《そんけん》や簡雍《かんよう》のような官吏もいた。

そのため群雄割拠の時代にあっては、劉備集団はそれなりに強く有能な集団だった。だからこそ客将として、公孫瓚・陶謙《とうけん》・呂布《りょふ》・曹操・袁紹・劉表と多くの群雄の間を渡り歩くことが可能だった。満田氏らの言う「傭兵隊長」は、そうした意味合いでの劉備の有能さを指している。物語では負けてばかりの劉備だが、実際には相当の戦巧者だった。

けれどもそうした現場レベルを超えた、一州を支配するような統治者となると、それに加えて、政権の基本方針である戦略をデザインする「名士」の力が不可欠となる。いくら戦が強くとも、大局的な戦略眼がなくては、乱世を生き抜くことはできない。曹操や袁紹が「名士」を必要とした理由である。

きっと劉備もそのことを痛感していただろう。徐州牧《じょしゅうぼく》、豫州牧《よしゅうぼく》となった時期には、「名士」の招聘《しょうへい》を試みている。

しかし劉備は彼らを重用しようとしたものの、その進言を容れることがなかなかできなかったという。関羽・張飛らとの任侠的な結合を中心とする当時の劉備集団では、「名士」が介入する余地が限られていたのだろう。それゆえか、劉備は一時的に一州を領有できても、長続きすることはなかった。そして「名士」も、流浪する劉備にあえて付き従うことはなかった。

劉備集団は変革を迫られていた。その危機感が、「三顧の礼」によって諸葛亮《しょかつりょう》を求めることに繋がる。

水魚の交わり

諸葛亮は、字を孔明《こうめい》、徐州琅邪国陽都県《ろうやようとけん》の人。幼くして父を亡くしたため、おじの諸葛玄《しょかつげん》に随って揚州に行き、さらに諸葛玄と旧知の劉表を頼って荊州に移住する。

当時の荊州には、司馬徽や龐徳公《ほうとくこう》を中心とする、劉表政権と距離を置く「名士」グループがあった。諸葛亮はこの龐徳公に師事し、その一員として徐庶《じょしょ》・龐統《ほうとう》・馬良《ばりょう》らと交友し、やがて「臥龍」（未だ眠りし龍）と評され、「名士」に仲間入りする。

「三顧の礼」は、このような「名士」コミュニティの存在を背景とする。諸葛亮を推挙された劉備は、はじめは徐庶に諸葛亮を呼び付けるように言う。しかし徐庶は、「この人は、こちらから行けば会えますが連れてくることはできません。将軍（劉備）が礼を尽くして自ら訪れるのがよいでしょう」と答えた。

人を招くために三顧の礼を尽くすことは、当時では最高格の隠者に対して行われる殊礼（特別待遇）だった。この時の諸葛亮は、司馬徽たちのコミュニティ内で評価されるだけの、布衣《ふい》の青年にすぎない。劉備は過剰な礼を求められたと言っていい。

諸葛亮

『絵圖三国演義』

しかし、劉備は徐庶の求めに応じた。ここに、関羽・張飛に頼る任侠集団から新たな脱皮を図る劉備の覚悟を見ることもできるだろう。関羽・張飛は、諸葛亮の参入をはじめよく思わなかった。旧来の劉備集団からは、諸葛亮は異質な存在である。しかし劉備はこの兄弟同然の二人の不満に、「孤《わたし》に孔明があることは、魚に水があるようなものなのだ」と答える。それで二人はもう何も言わなくなったという。

「水魚の交わり」は今の日本でも、親密で離れ難い友情や、男女の深い愛情を意味する故事成語として使われる。水を得た魚という言葉もある。けれども、それは少しだけ正しくない。『資治通鑑《しじつがん》』の注釈者である胡三省《こさんせい》が言ったように、魚は水がなければ死ぬほかないのである。親密どころではない。生死がかかった劉備の切実さがこの言葉にはある。だからこそ、関羽・張飛も兄の覚悟を汲んで、不満を抑えたのだろう。諸葛亮はその期待に応える。「天下三分の計」である。

いま曹操は百万の兵を擁し、天子を奉戴して諸侯に号令しているため、正面から対等に戦うことは不可能です。孫権《そんけん》は江東《こうとう》を領有してすでに三代、国は長江《ちょうこう》に守られて固く、民はなつき、賢者が手足となっているため、味方とすべきで敵対してはなりま

せん。荊州は北に二川があり、交易は南海《なんかい》まで達し、東は呉《ご》に西は蜀《しょく》に通じておりま
す。武を用いるべき地ですが、その主（劉表）は守ることができておりません。益州《えきしゅう》
は険阻で、肥沃な土地が千里に渡り、天府《てんぷ》の土と申すべきもので、高祖《こうそ》（劉邦《りゅうほう》）はこ
こより帝業を成し遂げました。しかし主の劉璋《りゅうしょう》は暗弱で、賢者は明君を戴くことを望
んでいます。……もし荊州・益州を領有し、西と南の夷狄《いてき》を手なずけ、外に孫権と結
び、内に政を正すことができたならば、天下の変に乗じ荊州・益州より出征すること
ができましょう。かくの如くなされば、すなわち覇業《はぎょう》は成り、漢室は再興されましょ
う。

『三国志』諸葛亮伝

諸葛亮の天下三分の計は、曹操は正面から戦うことのできないほどに強大、孫権は
堅牢であるため味方とすべしという現在の勢力分析からはじまる。そして曹・孫に比
べれば荊州・益州には付け入る隙があり、しかもその利益は大きい。この二州を得て
天下三分の形勢をつくることができたならば、時勢を見極めて天下の一統《いっとう》へ乗り出す
ことができるだろう、そうすれば漢の再興が果たされるだろう、と諸葛亮は説く。
ここに劉備集団の基本方針は示された。

孫堅《そんけん》と孫策《そんさく》

ではその諸葛亮が「江東を領有してすでに三代、国は長江に守られて固く、民はなつき、賢者が手足となっている」と見た孫権の呉とは、どういう国なのだろう。

時間は董卓の死あたりまで遡る。反董卓連合の解散後、孫堅は袁術《えんじゅつ》の派閥に属して、袁紹方につく荊州の劉表と戦った。孫堅は強い。とくに見るべきは西方の異民族討伐に参加していることで、そのときに「西北の列将」たちや董卓とも共闘している。そのため反董卓連合では、連合側でほとんどただひとり戦果を挙げるほどの武力を誇った。

ところが孫堅は劉表との戦いで横死してしまう。跡を継いだ長子孫策は、まだ十七歳ほど。そのため父の軍団を維持できず、やむなく袁術に身を寄せた。しかし孫策は袁術麾下《きか》に甘んじながらも、父ゆずりの武勇で一目置かれる存在へと成長する。

ところがそれにも関わらず、袁術は孫策の働きに報いない。『三国志』孫策伝によれば、袁術は孫策に太守の地位を約束しながら、孫策が命令通りの功績を挙げても、

204年当時の勢力図

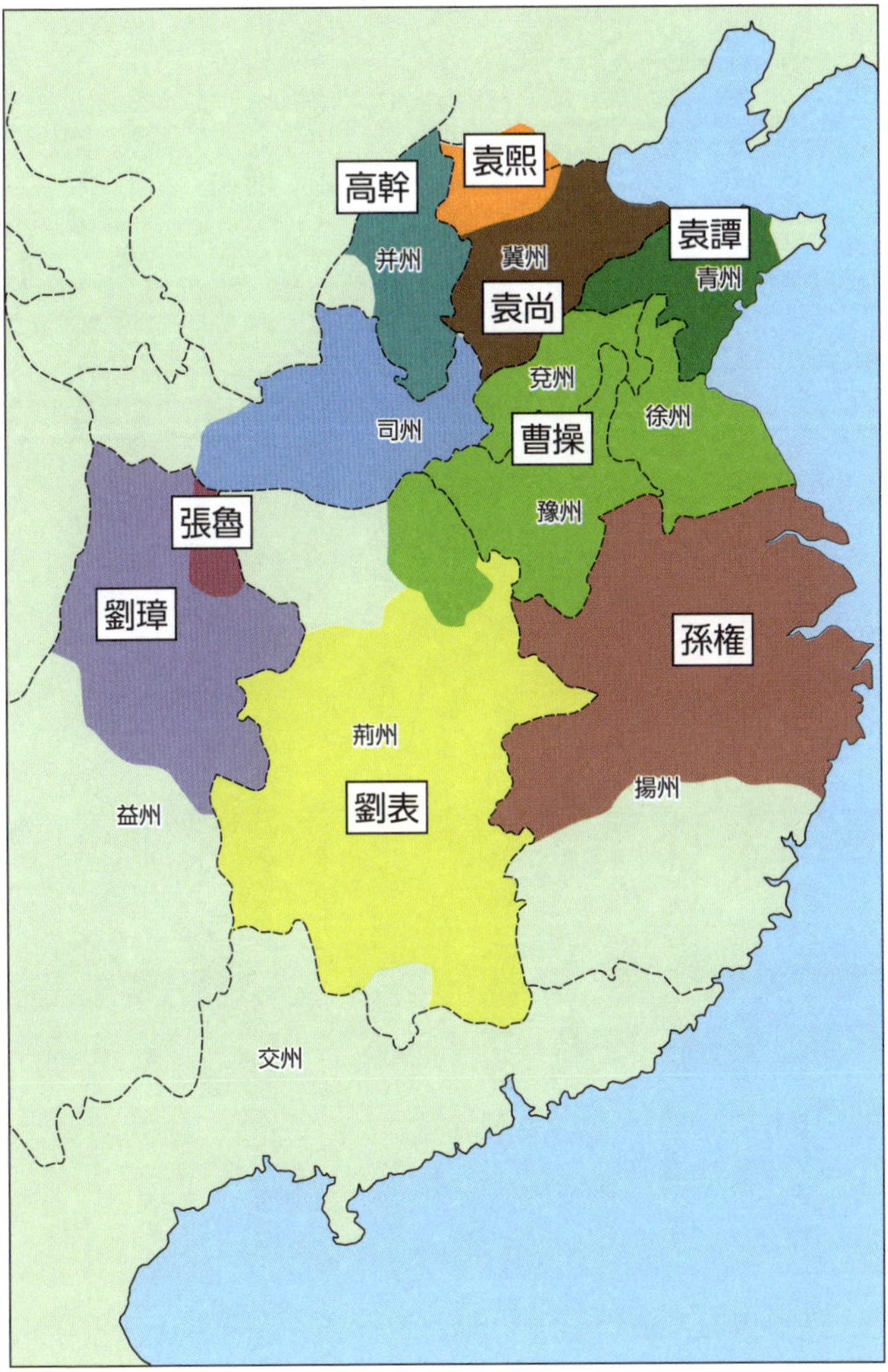

言を左右にして約束を守らなかったとある。

そのため孫策は、袁術からの自立を志向しはじめる。叔父の救援を名目に袁術から兵を借り受けると、長江を渡って江東（長江以東）へ進出する。袁術が与えた兵士はわずか千人あまりにすぎなかったが、どういう器量のなせる業か、あっという間に手勢を何倍にも増やし、江東を席巻する。揚州牧《ようしゅうぼく》の劉繇《りゅうよう》を筆頭に、江東の群雄はわずか三年ほどでほとんどが孫策の軍門に降った。やがて袁術をもしのぐようになった孫策は、袁術の皇帝僭称《せんしょう》を口実として絶交し、曹操と結んで袁術を滅ぼす。

孫策の異常な急成長は、彼の個人的な軍才によるところがおそらくは大きいのだろうが、それを支えた幕僚の力もたぶん無視できない。孫策と義兄弟同然の契りを結んでその右腕になった周瑜《しゅうゆ》は、「二世三公」という揚州きっての名門の出。また、中原《ちゅうげん》の戦乱を避けて江南《こうなん》に逃れた北来の「名士」も孫策は政権に取り込む。張昭《ちょうしょう》、張紘《ちょうこう》、魯粛《ろしゅく》、諸葛瑾《しょかつきん》（諸葛亮の兄）などの面々で、とくに張昭は北来「名士」の中核として、長く孫呉政権の支柱となる。だが急成長の代償は大きかった。建安《けんあん》五（二〇〇）年、時に曹操と袁紹が官渡にてまさに雌雄を決しようとしていたその頃。中原進出を狙った孫策は、突然の凶刃に斃《たお》れる。

『三国志』孫策伝は孫策の最期を、かつて滅ぼした許貢《きょこう》の食客に襲撃され、その傷がもとで死んだ、と記す。

孫策は江東を平らげる過程で、自分に逆らう勢力を力で抑えつけた。自らの君主権力を阻害しうる存在を、武力という君主権力で弾圧してきたのである。しかしそれは、江東の豪族たちとの間に致命的な亀裂を生んだ。許貢もそのようにして孫策に殺された士大夫のひとりだった。

また、孫策が袁術配下時代に陸康《りくこう》一族を滅ぼしたことも、孫策と江東豪族の対立を端的に表す。陸康は、「呉郡の四姓」という江東きっての豪族だった。公孫瓚の例のように、「名士」や在地豪族の協力を得ることは安定した支配の確立には欠くことができない。孫策はわずかな期間で勢力を拡大することには成功したが、豪族との関係を修復できぬまま命を落とす。陸氏ほか江東豪族との和解は、次代の孫権へ課題として遺された。

「軍を率いて戦を決することでは私はお前に劣らぬが、賢臣を用いて江東を保つことでは、私はお前に及ばない」。孫策はそう孫権に遺言して、二十六歳にて死去した。

（写真／アフロ）

守成《しゅせい》の名君

孫権は、字を仲謀《ちゅうぼう》。孫堅の次子、孫策の弟で、生年は一八二年。曹操の後継者である曹丕《そうひ》とは五歳違いなので、まさに曹操・劉備らの次世代にあたる君主である。

父と兄の遺業を継いだ孫権は、二〇〇年から二〇八年までのほとんどを江東の地固めに費やす。とくに前節で書いた、孫策が生んだ江東豪族との遺恨が大きな課題として残されていた。孫権が立って間もない頃、弟の孫翊《そんよく》が配下に殺される事件が起きている。彼らは、孫氏と対立した江東「名士」の旧臣だった。孫策の死は、彼が抑圧していた江東豪族の不満を噴出させていた。

この時期の孫権を支えた中心が、周瑜と張昭である。揚州随一の名門の周瑜、北来「名士」の代表たる張昭は、孫策の死で動揺する政権を鎮めるため、自ら率先して孫権に対し臣従する姿勢を内外に示した。また両者の呼び掛けにより、代表的なところでは魯粛・諸葛瑾らの「名士」が出仕している。どちらも孫策から招聘されてはいたものの、一方では政権と距離をとっていた。また何より大きいのは、「呉の四姓」陸《りく》遜《そん》が出仕したことだろう。陸遜は、孫策に滅ぼされた陸康一族の生き残りである。因縁ある陸遜が具体的にどのような経緯で孫権を主君と認めたのか、『三国志』には記録されないけれども、陸遜が孫権に仕えたこと、しかも孫策の娘を娶《めと》ったことは、孫氏政権と江東豪族との和解の象徴と見ることができるだろう。

もちろん周瑜・張昭は孫策期から「名士」の参入に尽力してはいた。しかし歴史書に記録される限りを見ると、孫権期に北来「名士」・江東豪族の参入が急増している。やはり孫氏政権が孫策から孫権へと代替わりする中で質的変化をしたことがわかる。「賢臣を用いて江東を保つことでは、私はお前に及ばない」と評された孫権の資質があればこそだろうか。

とは言え、これで孫氏と豪族層の対立がすべて解消されたわけでもない。亡兄孫策と強く結ばれた周瑜は別として、多くの「名士」・豪族が孫権に従っていたのは、孫氏に江東を支配するに足る国力があったためだった。ゆえに、孫氏を上回る勢力が江東に現れた時、妥協の上に立つ両者の関係は危機を迎える。赤壁の戦いが、すぐそこまで迫っていた。

劉・孫の同盟

建安十三（二〇八）年、曹操は三公の制度を廃止するとともに丞相《じょうしょう》の位を復活させ、自らその地位に就く。後漢の三公制は、輔政の最高官である宰相職《さいしょう》を三公という三つの官に分けることで、権力の集中を避けることを特徴とする。曹操は丞相制の復活により、名実ともに唯一の最高権力者に昇る。

ゆえに同年七月、曹操が天下統一の総仕上げに南征を開始すると、荊州はまったく抵抗することなく曹操に降伏した。直前に主君の劉表が病没したこと、天子を擁立する漢の丞相に対し、荊州の「名士」層には戦う大義名分がなかったのだろう。名目で言えば、後漢は丞相曹操のもと国家の秩序を回復しており、あえてそれに歯向かう者は逆臣に他ならない。なお、降伏を主導した重臣の蔡瑁《さいぼう》は、曹操とは孝廉の同期の仲だった。蔡瑁含め、降伏した荊州の上層部はみな朝廷の高官に取り立てられている。あまりにいいタイミングで劉表が死去したことを含め、南征開始前にすでに大方の内部交渉は済んでいたのだろう。

しかしそれらの事情は、荊州北部で前線に立つ劉備陣営には一切知らされなかったという。曹操軍が眼前に迫ってはじめて荊州の降伏を知った劉備は、慌てて南方へと敗走する。この時、一部の荊州重臣や民が劉備に付き従い、劉備一行は十万人を超える軍勢となった。しかしその大半は非戦闘民である。そのため、「民を捨てて軍を先行させ、拠点確保を優先すべき」と劉備に説く臣下もいたが、劉備は「大事を成し遂げるには、人が基となる。いま身を寄せてくれる人々を見棄て去るのは忍びない」と言って退けた。臣下の危惧通り、劉備軍は曹操軍の騎兵に追いつかれた。劉備は妻子も棄てて、かろうじて逃げることが精いっぱいだった。張飛・趙雲が一世一代の活躍をした、いわゆる長阪坡《ちょうはんは》の戦いがこの時である。

荊州に行き場をなくした劉備に、逃げ道はいくらもなかった。西の益州の劉璋はすでに曹操に事実上降っている。そうなると他は遥か南方の交州《こうしゅう》まで落ち延びるか、東の孫権に助力を求めるしかない。『三国志』諸葛亮伝には、諸葛亮が劉備に孫権と結ぶ道を示し、自ら孫権を説得して盟を結んだとある。『三国志演義』ではこの場面を、諸葛亮がいかに不利な状況を覆して孫権を決戦へと導いたか大きく脚色する。しかし、現実は『三国志演義』が描く以上にむしろ深刻だった。

長阪の戦い（208年）

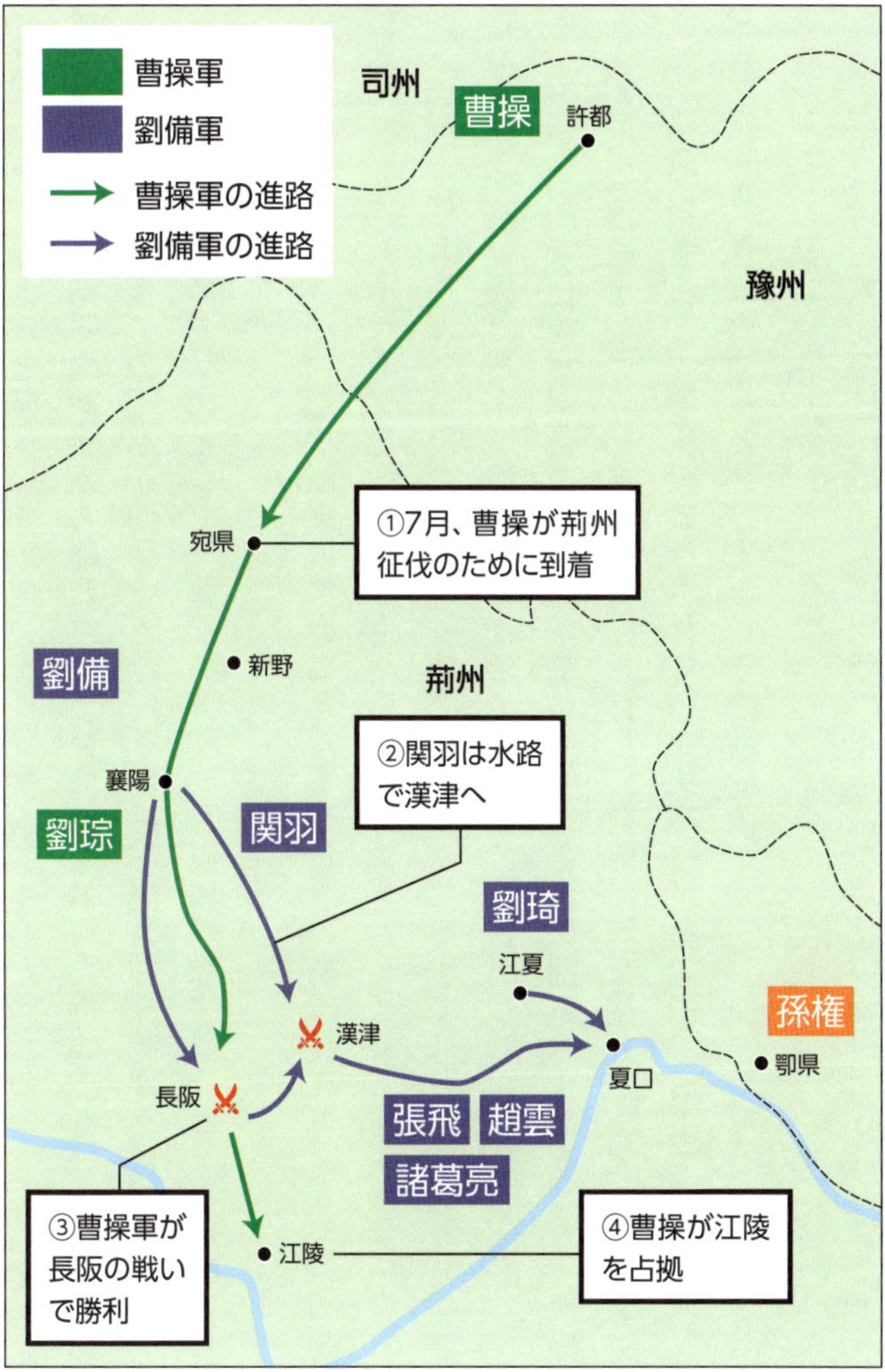
曹操軍
劉備軍
曹操軍の進路
劉備軍の進路
司州
曹操
許都
豫州
①7月、曹操が荊州征伐のために到着
宛県
新野
劉備
荊州
②関羽は水路で漢津へ
襄陽
劉琮
関羽
劉琦
江夏
孫権
漢津
夏口
鄂県
長阪
張飛
趙雲
諸葛亮
③曹操軍が長阪の戦いで勝利
江陵
④曹操が江陵を占拠

その時、呉は、ほとんど降伏に傾いていた。降伏論の中心だったのは、張昭を筆頭とする「名士」層である。政権から離れた場で社会的な名声を持つ彼らは、たとえ孫氏が滅んでも曹氏政権での厚遇が期待できた。それに、儒教的教養ゆえに「漢」に深い思い入れを持つ「名士」にとって、曹操の再興した漢に帰順するのは、当然の選択だった。

軍事的な問題も大きかった。江東の勢力にとって、頼みの綱は長江という天然の防衛線にある。しかしそれも、曹操が長江上流の荊州を抑えたことで、防衛機能を失っていた。内部工作も進んでいた。孫権の一族ですら、一部はすでに曹操に通じていた。また陸遜ほか江東豪族たちも、沈黙という形で「名士」に賛同していた。

こうした絶望的な逆境を、魯粛と周瑜が跳ね返す。魯粛は劉表の死を知るや、曹操と対抗するには劉備が不可欠と見、荊州に急行して劉備に盟を持ちかけた。そして諸葛亮を伴って帰還すると、降伏論に押されていた孫権に、右記の「名士」層の思惑を説き、真に頼るべきは周瑜だと進言する。その周瑜は、

①曹操の名目は漢の丞相だが、その実は逆臣である。

②呉の水軍に対し操船術に劣る北方の軍では相手にならない。

③西涼の馬超《ばちょう》・韓遂《かんすい》などの後患《こうかん》があり曹操勢力も盤石ではない。
④現在は冬季で、北方軍が恃《たの》みとする騎馬を養うための馬草はなく、また江南の風土に人も馬も馴染まず必ず疫病が発生する。
⑤曹操軍は総勢八十万を称しているが、実数では十六万足らずで、遠征に疲弊している。またそのうち荊州の降伏軍が八万で曹操に心から服しているわけではない。

と、曹操軍の不安要素をひとつひとつ挙げて、群臣に整然と反論してみせる。かつて孫策と戦場を共にし、いま軍部の中枢を担う周瑜に、群臣は軍事面では反論できない。かくして孫権は曹操と戦う決意を固めた。

『三国志』は、劉孫の同盟を実現した人物として諸葛亮・周瑜・魯粛らを挙げるが、そのなかでは、とくに魯粛の功績が大きい。そのため赤壁の戦い後、孫権は帰還した魯粛を出迎え、「子敬《しけい》（魯粛）よ、孤《わたし》があなたを馬から迎え下したならば、卿《あなた》の功に報いることができるだろうか」と言って勝利の立役者を労った。君主が臣下をそのように親しく礼遇するのはもちろん格別のあつかいである。しかし魯粛はそれでは不十分だと言い放つ。「主上《しゅじょう》が中華を統一し、天子として私を召し迎えた時こそ、私の功に報いたことになるのです」と。

なぜ曹操は赤壁で敗れたのか

三国志で最も有名な戦いである赤壁の戦いは、しかし『三国志』には詳細な記録がない。武帝紀《ぶていき》には、「公（曹操）は赤壁に至り、劉備と戦ったが、勝つことはできなかった。疫病が流行り、死者が多く出たので、軍を引いて帰還した」とあるのみ。魏を正統とする『三国志』は、曹操の敗戦を細かく書くことができない。また、『三国志』がここで「劉備」に負けたと記すことが面白いと満田剛氏は言う。魏の公式見解としては、曹操を退けたのは、ただの一地方軍閥にすぎない孫権ではなく、魏と国家の正統性を賭けて戦った劉備である、としなくてはならなかった。魏を中心とする歴史観で呉が過小評価されていたことが窺える。

一方、勝った呉側である周瑜伝には多少の記録がないではない。それによると、曹操軍では早くから疫病が蔓延し、緒戦に敗れて長江北岸に布陣。その曹操軍の船艦が密集しているのを見て、呉将の黄蓋《こうがい》が火計《かけい》を進言する。黄蓋は偽りの降伏を申し出ることで曹操軍に接近し、火を放った。おりしも強風が吹き荒れていたため、船艦から

赤壁の戦い

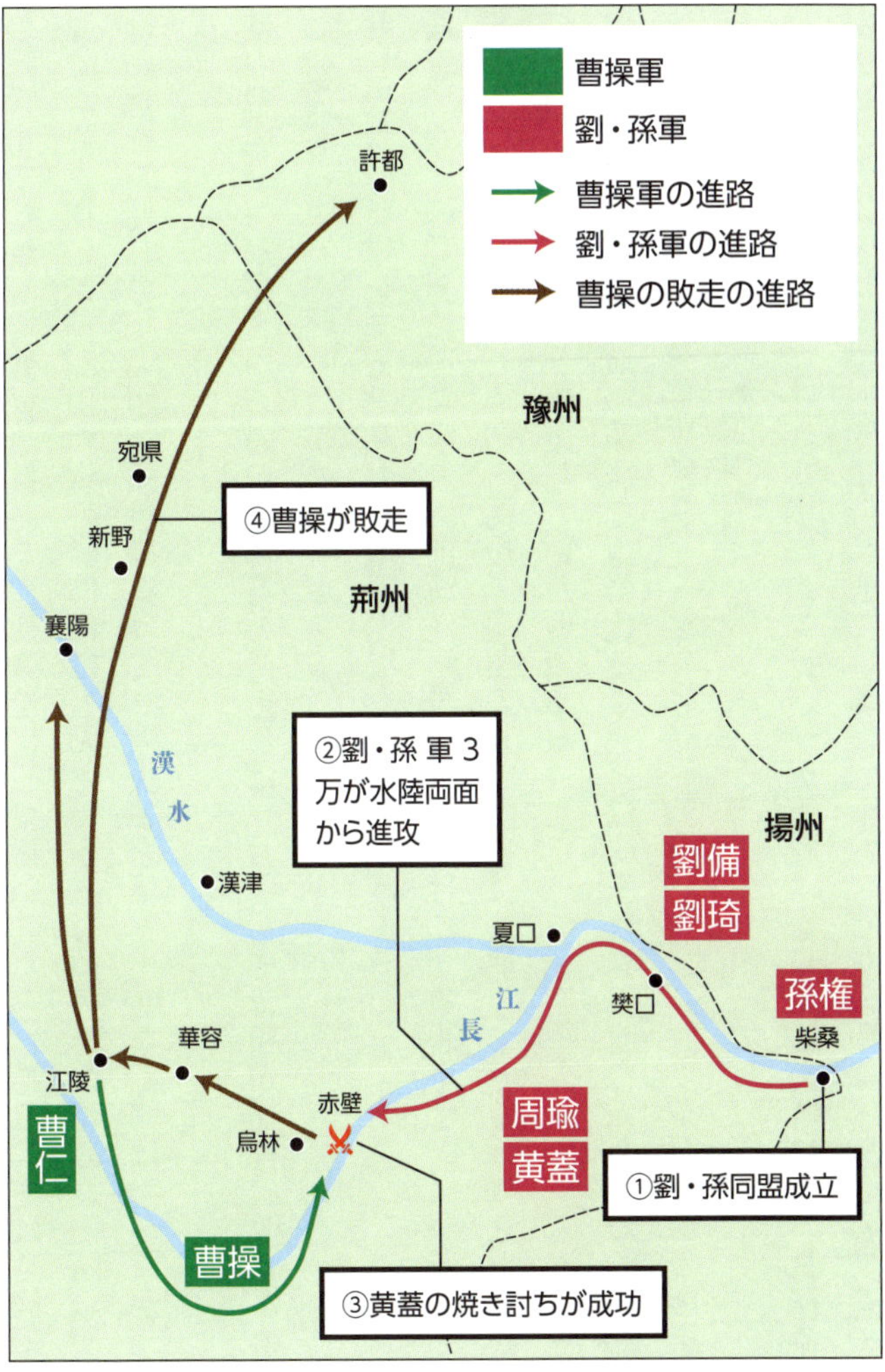
曹操軍
劉・孫軍
曹操軍の進路
劉・孫軍の進路
曹操の敗走の進路
許都
豫州
宛県
④曹操が敗走
新野
荊州
襄陽
②劉・孫 軍 3
万が水陸両面
から進攻
漢
水
揚州
劉備
劉琦
漢津
夏口
江
長
樊口
孫権
柴桑
華容
江陵
赤壁
周瑜
黄蓋
烏林
曹
仁
①劉・孫同盟成立
曹操
③黄蓋の焼き討ちが成功

岸辺の陣営まで延焼し、曹操軍は多くの死者を出して撤退した、とある。やはり簡素な記録である。加えて、劉備陣営の動向はほとんどわからない。そのため『三国志演義』は創意を駆使して、大胆な脚色によって一大決戦を描き出さなくてはならなかった。

赤壁の戦いで何が起こったのか、言葉を換えれば「どうして曹操が孫権に敗れたのか」は研究者によっていくつかの見解がある。

石井仁氏は、呉軍を支えた江南地域の発展を理由に挙げる。『後漢書《ごかんじょ》』などの記録に照らすと、前漢から後漢末にかけて、華北では人口が減少していることに対し、江南の荊州・揚州・益州の人口は逆に増加している。戦乱や気候変動のために民が江南へと流出していたのである。

人口の増加は、長江流域の開発を本格化させ、経済的な自立の度合いを高めていた。それは、「中華は黄河流域を中心として統一されているべき」という秦漢《しんかん》以来の国家の枠組みをも崩しつつあった。

曹操たちより二百年前、後漢を開いた光武帝《こうぶてい》が天下統一を果たした時には、長江流域の勢力はほとんど抵抗できずに降伏している。しかし二百年の間に、社会の構造や人の価値観は変化していた。既成の政治・社会体制では対処しきれない情勢が江南にあったのである。

また渡邉義浩は、石井氏らの言う江南地域の変貌も理由に触れつつ、曹操の「油断」も指摘する。

曹操が尊ぶ『孫子《そんし》』の戦争観では、戦って相手を破ることよりも、戦わずして降すことを最上とする。仮に勝利を収めたとしても、戦争を起こしてしまえばその分国力と軍事力を疲弊させるためである。

渡邉は、曹操にこの理念への過信があったという。事実、荊州はそうして戦わずに降伏させることに成功した。益州の劉璋も援軍を出すというかたちで曹操に屈服していた。孫権陣営からも、一族の重鎮孫賁《そんふん》がすでに恭順の意を示していた。多くの「名士」が降伏論を唱えていたこともすでに書いた。

曹操の戦略は、兵法の王道を踏まえていたし、かつそれを実現するだけの政治力が曹操および配下の「名士」にはあった。だからこそ、曹操は孫権・周瑜が思わぬ反撃をしてくることや、黄蓋の降伏が偽りであったことを見抜くことができなかったのであろう。

道化の国

孫呉という国は、三国の中では少し特殊な立場にある。たとえば建国の経緯についても、曹魏が後漢から禅譲を受けたこと、蜀漢《しょくかん》が漢の復興を目指したことをそれぞれ国家の正統性に据えたことに比べると、呉には二国のような明確な正統性の根拠がない。同じ地方政権同士で比べても、蜀漢が中原回復を国の方針に掲げたことに対し、呉にはあまり中央志向が見えない。蜀漢に比べ政権内での在地豪族の力が強かったのも、呉の特徴と言える。要は、呉は魏や蜀漢の間に積極的に割って入ることもせず、どこか天下を巡る争いから自由な立場にあったとも言えるかもしれない。

『三国志演義』はそのような呉を、味方でもなく敵役でもない第三極として位置づけた。『三国志演義』の物語としての面白さは、この第三極としての呉が引き起こす三つ巴のストーリー展開にある。

と同時に、呉はしばしば蜀漢の引き立て役にもされた。孫権しかり、周瑜しかり、魯粛しかり、彼らはみな、劉備や関羽、諸葛亮を引き立たせるための道化役として、徹底的にコケにされる。このことから、羅貫中《らかんちゅう》は呉が嫌いだったと言う研究者もいるが、それはどうだろう。物語上、呉が道化役を演じさせられたことは『三国志演義』に始まることではない。『三国志演義』ほど複雑なストーリー性を持たない演劇では、呉はずっと単純な道化役にされてしまっている。呉が道化役とされたのは、蜀を善玉、魏を悪玉とする以上、物語の構造的にそれが必然だったためだろう。

そもそも陳寿《ちんじゅ》の『三国志』の時点から呉は不遇だった。陳寿は正統である魏、また自分の祖国である蜀漢には、工夫をこらして自らの思い入れを込めるが、呉に対しては比較的淡泊である。その一部は、元資料の記述が未整理になっている箇所すらある。

呉の不遇は、いくぶん言葉を飾るならば、呉という国家の本質が陳寿や羅貫中の歴史観では捉えきれなかったことにあると言えるかもしれない。

呉は確固たる正統性の理論をついに持つことはなかったが、しかし逆に言えばそのような既存の理論なしに国家を存続させ得るだけの実力があったということでもある。呉は——もちろん様々な政治的要因がからむとはいえ、三国ではもっとも長く、二八〇年まで存続した。

呉だけではない。二八〇年に西晋《せいしん》によって果たされた天下統一は、その後わずか四十年足らずにして、北方の異民族勢力に押されて瓦解する。漢民族は江南へと流浪し、以降、五八九年の隋による統一を見るまで、中華は大きく華北と江南地域に二分された。そして江南では、西晋の亡命政権である東晋《とうしん》、それを継ぐ劉宋《りゅうそう》、南斉《なんせい》、梁《りょう》、陳《ちん》と漢族の国家が立つ。ゆえに江南を中心にする歴史観ではこの時代を、孫呉を含む六つの王朝が立ったことから六朝《りくちょう》時代と呼ぶ。その間、華北の異民族国家が江南へ侵攻することもしばしばあったものの、歴代の江南国家はそのすべてを打ち返し続ける。

　前節で石井仁氏や渡邉義浩が言ったように、黄河流域を中心とする世はすでに終わり、漢民族にとっての新たな時勢は江南にあった。黄河にもまして豊かな長江、温暖な気候と肥沃な土地に恵まれた農地、東南アジア地域とも繋がる外洋、それとの交易を可能にした造船技術の発展、年々増加した人口。

　曹操はたしかに時代の革新に大きな影響力を持った英雄である。だがその曹操もまた、江南というさらに次なる時代の前に敗れたのである。

第五章

三国鼎立《ていりつ》

荊州問題《けいしゅう》

赤壁の戦いで勝利した劉備《りゅうび》・孫権《そんけん》連合は、曹操《そうそう》軍が去ったあとの荊州に進攻する。しかし拠点を持たぬ劉備としても、孫堅《そんけん》以来幾度も狙い続けてきた孫権としても、荊州は喉から手が出るほど欲しい地である。共闘の水面下で、早くも両者の争いが起こる。

周瑜《しゅうゆ》は、荊州南部の拠点である江陵《こうりょう》に残された曹仁《そうじん》軍を攻めるが、曹仁は曹操のいとこにして軍の重鎮。思いのほか手ごわい曹仁に周瑜は攻めあぐね、陥落までに一年を要した上に、陣頭で矢を受けて重傷を負う。

その間に、劉備は江陵から長江《ちょうこう》を挟んだ南の四郡を平定。劉備にとっては、実に興平元（一九四）年の徐州《じょしゅう》時代以来十五年ぶりになる自前の根拠地だった。これと合わせて劉備は、軍中に留めていた劉表《りゅうひょう》の遺児劉琦《りゅうき》を立てて、荊州刺史《しし》とする。名目としては亡き劉表の跡を継がせたことになるが、もちろん実態としては荊州における主導権を握ることを狙ってである。そして病弱な劉琦がほどなく死去すると、劉備は自ら

215年当時の勢力図

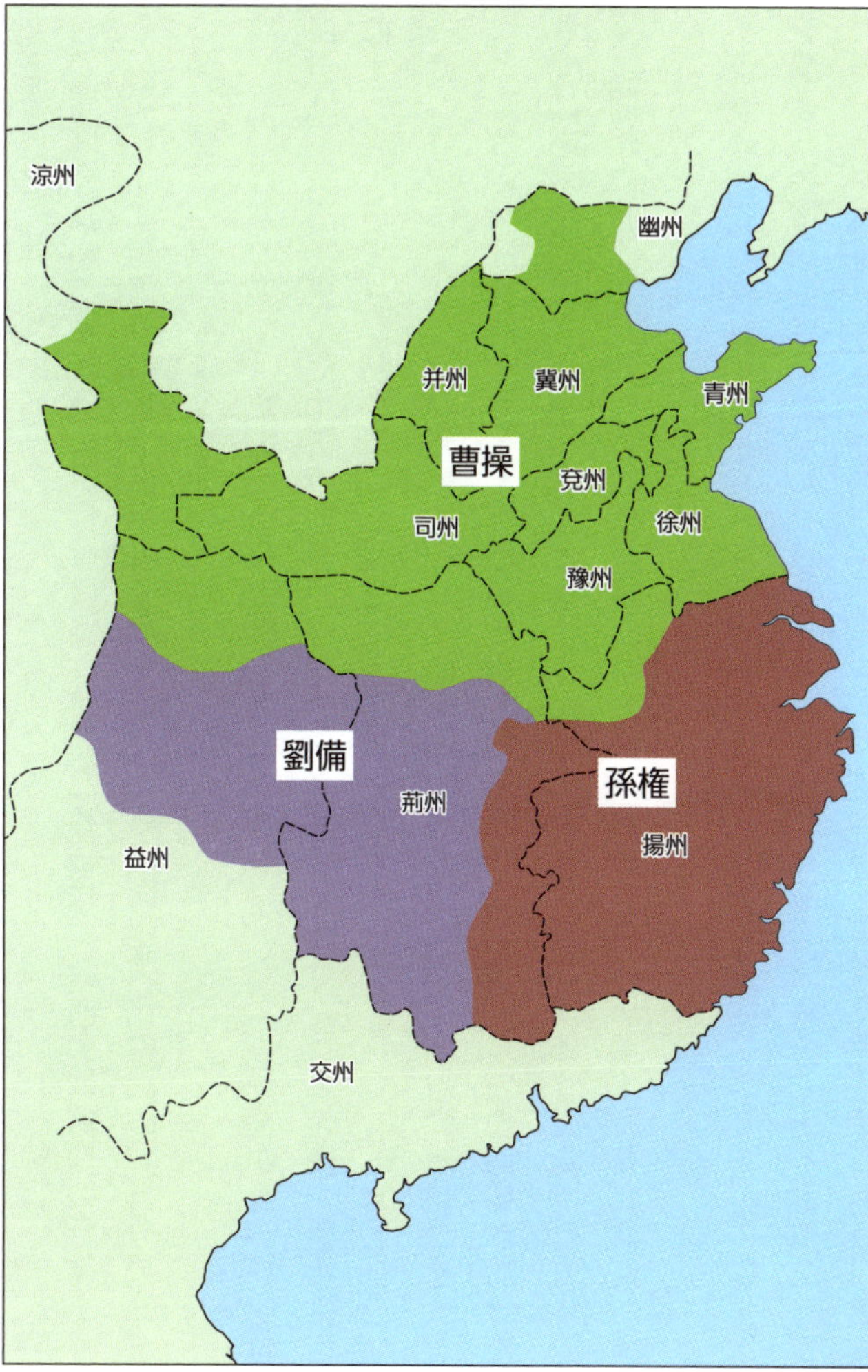

荊州牧《けいしゅうぼく》を称する。

主力の周瑜を長いこと江陵に釘付けにされていた孫権は、表面上は劉備の行為を容認した。代わりに劉備の推挙で徐州牧《じょしゅうぼく》を称する。さらに同盟強化のため、自分の妹を劉備に嫁がせた。劉備もこれを受け入れる。

この時、肩書きの上では劉備・孫権の間に隔たりはない。ただ、孫権が牧の任を帯びた徐州は、長江を挟んだ北側の曹操領で、実効支配は及ばない。この後、孫権は何度か北上を試みてはいるものの、そのたびに曹操軍――とくにかつて呂布《りょふ》配下だった名将張遼《ちょうりょう》の活躍により、進攻を阻まれた。徐州牧の肩書きは、政権内に徐州出身者が多いことを考えれば有名無実とまではいかずとも、しかしどれくらいの価値があったか疑問ではある。やはり孫権の戦略としては、西の荊州に進出するよりなかった。

とくに荊州に強くこだわったのが周瑜だった。周瑜は自らの戦略を孫権に説く。

いま曹操は敗北の屈辱を味わったばかりで、身辺の変事を警戒して、将軍（孫権）と事を構える余裕はございません。どうか蜀《しょく》（益州《えきしゅう》）に軍を進めることをお許しください。蜀の地を得ましたら、（涼州《りょうしゅう》の）馬超《ばちょう》と好誼《こうぎ》を結ぶこともできましょう。その上で瑜《わたし》が蜀より帰還し、将軍とともに襄陽《じょうよう》（荊州北部）を拠点として曹操を追い詰めてゆけば、北方を攻略することも可能であります。『三国志』周瑜伝

荊州を足がかりとして益州を得て、さらに涼州をも巻き込もうという壮大な構想である。言葉を換えれば相当に無茶な構想ともいえる。たしかに当時の益州の主である劉璋は惰弱だったが、それでも山川に深く守られる益州の攻略は容易ではない。また、周瑜の構想において劉備は、「警戒すべき相手であるので呉の地に抑留しておき、関《かん》羽《う》・張《ちょう》飛《ひ》はこちらの手足として用いるべし」とされているが、劉備政権がそれを良しとする可能性はきわめて薄かったことだろう。現在の視座から見ると、かなり現実味に欠ける戦略に思える。だがそれでも、あるいは周瑜ならばそれも可能にしてしまえたのかもしれない。

しかし周瑜はこの構想を孫権に語った直後、まさに益州への遠征に取りかかろうとした矢先に病で没する。年は三十六。結果的にそう見えるだけなのだろうけど、それにしても孫堅といい孫策《そんさく》といい周瑜といい、どうも呉はこれからという時になって早世する人物が多いような気がしてしまう。

魯粛

『絵圖三国演義』

魯《ろ》粛《しゅく》の異端性

周瑜の死後、軍の中核としての跡を継いだのは盟友の魯粛だったが、しかし戦略という点で魯粛は周瑜と異なる構想を抱いていた。

『三国志』魯粛伝に引かれる『漢晋春秋《かんしんしゅんじゅう》』によれば、孫権が劉備を自領に抑留してその影響力を封じ込めようとした時、魯粛は反対してこう述べたという。

将軍（孫権）にいかに神の如き武があると申しましても、なお曹操の威は軽んじることができません。いまだ荊州の統治も十全ではありませんゆえ、これを劉備に貸し与えて治めさせるのがよいでしょう。曹操の敵を多くし、味方の勢力を拡大させることが上計でありましょう。

周瑜が武力によって長江流域すべてを切り取るべしと説いたことに対し、魯粛は曹操の強大さと孫権の限界を指摘した上で、虎の子である荊州をあえて劉備に貸し与えと主張する。

一見して弱気なようでいて、劉備陣営との慎重な折衝を必要とする、かなり大胆で綱渡りの戦略である。「貸した」荊州がすんなり返還されるとも思えない。当然ながら呉臣の多くは荊州を渡すことに反対するが、孫権は魯粛の策を受け入れる。なお、その孫権の決断を知らされた曹操は、驚愕のあまり筆を取り落としたという。

正直に言って、魯粛の構想は大胆すぎて個人的には評価がかなり難しい。この荊州貸与策だけではない。魯粛は、孫権に仕えた当初にも独創的な戦略を披露している。

孫権は魯粛に意見を求めて、「いま漢室は傾き、天下は乱れている。孤《わたし》は父や兄の業を受け継ぎ、漢室を輔《たす》ける功を挙げたいと願っている。君はどのようにこれを輔けてくれるだろうか」と問うた。魯粛は、「粛《わたし》が考えますに、漢室の再興は不可能であり、曹操を除くこともすぐにはできません。将軍のなすべき計は、江東を足場として天下を窺うことです。北方は難事が多いゆえ、それに乗じて長江流域をことごとく支配し、しかるのちに帝号を称して天下の支配へと進まれるべきです。これこそ漢の高《こう》祖《そ》がなされた大業なのです」と答えた。

『三国志』魯粛伝

漢室の再興を輔けたいと意思表明した孫権に、魯粛は漢室再興など不可能だとあっさり言う。しかも、長江流域を確保した時点で皇帝を称し、天下取りに乗りだせと言う。あまりに野放図な方策に、孫権も「漢室をお輔けすることのみだ、君の言うようなことはわたしの力の及ぶところではない」と言うほかなかったという。

魯粛の異端性は、漢の再興を放棄している点にある。後述するように、漢は儒教によって神聖化された国家であった。たしかに、漢の押しとどめようのない衰亡は誰の目にも明らかではあったものの、その滅びをはっきりと指摘することは――董卓《とうたく》のような価値観を異にする者を除いて、儒教を常識とする士大夫《したいふ》には難しかった。それを士大夫である魯粛が事もなげに口にする。

加えて魯粛は、長江流域を抑えた時点、つまり地方政権にすぎない段階で皇帝になってしまえとも言う。これも儒教の常識に外れる。儒教では中華は統一されていなくてはならず、皇帝とはその中華に君臨する存在であると定められていたからである。

なにより孫権と魯粛の前には、袁術《えんじゅつ》という失敗例があった。袁術は、淮南《わいなん》地域しか保有していない時点で皇帝を称したものの、結局は大義に欠けたために周囲の支持を失い、自滅した。袁術の庇護下にあった孫策も、袁術の皇帝僭称を離反の口実にしている。その袁術の現実を魯粛も目の当たりにしていたにも関わらず、それでもなお皇帝を称するに天下統一は不要と主張する。

しかも、魯粛には構想を実現する力があった。のちに、劉備が「貸与」の約束を反故にして荊州明け渡しを渋ると、魯粛・呂蒙《りょもう》は荊州へ軍を進め、留守を任されていた関羽と対峙する。魯粛は関羽に対面を申し入れ、互いに兵を留めて刀一振りのみを帯びて会見に臨んだ。「単刀会」である。会見で魯粛は、理路整然と劉備方を糾弾する。関羽はまったく反論することができず、呉の要求を一部呑まざるをえなかった。関羽を何よりも尊重する『三国志演義《さんごくしえんぎ》』ですら、この場面にあっては魯粛の正論が浮き彫りになっている。荊州貸与策の提言者として、魯粛は呉の面子を守ったのだった。

そしてもうひとつ、「長江流域を抑えて皇帝になるべし」と説いた主張も、結果的に魯粛死後に成就する。三国時代は、中華に三国が鼎立《ていりつ》しそれぞれが皇帝を称する時代となった。前章で見たように、この時代すでに長江流域は単独で華北《かほく》勢力と渡り合えるだけの力を具《そな》えていた。いみじくも魯粛の構想は、それを予見していたのである。

魯粛の異端性

多くの反対がある中で、
荊州を劉備に貸し与えた

しかし、責務は果たす!

↓

約束を反故にしようとした関羽と対決

誰もが言わない
「漢の再興は不可能である」と発言

そのとおりになった!

↓

実際に漢の再興はならなかった

孫権に地方政権にすぎなくても
皇帝になれと提言

三国が皇帝を名乗った

↓

孫権は呉の皇帝になった

潼関《どうかん》の戦い

一方、その頃の曹操は西に目を転じていた。関中《かんちゅう》（現在の陝西省《せんせいしょう》）には当時、かつては董卓とも繋がりが強かった涼州系の軍閥が割拠していた。その首領格であったのが、馬騰《ばとう》の長子馬超、そして霊帝《れいてい》期から後漢《ごかん》に乱をなし続けていた韓遂《かんすい》である。

曹操は彼らを一掃して旧都長安《ちょうあん》を回復すること、ならびに関中を足がかりに漢中《かんちゅう》・巴蜀《はしょく》（益州）を窺うことを目標に、西へと軍を進める。潼関の戦いである。赤壁では手痛い敗北を喫した曹操だが、潼関の戦いではその用兵の粋が輝いた。そのためか『三国志』では潼関の戦いの描写が、他の合戦と比べても異様なまでに詳しく書かれている。そこで以下では、『三国志』武帝紀の記述をベースに、軍制史を専門とする石井仁氏の分析に沿って戦いの様子を紹介する。

はじめ、潼関に結集した馬超ら涼州軍閥の軍に対し、曹操は徹底して決戦を避けるよう命じ、持久する構えを見せた。と同時に、その本隊を囮《おとり》として徐晃《じょこう》ら別働隊に黄《こう》河《が》を渡らせ、潼関の北側に拠点を築く。ついで曹操自身も黄河を渡ろうとしたものの、馬超軍の急襲に遭う。軍は渡河の最中がもっとも無防備になる。この時曹操はあと一歩で馬超に捕捉されるまでに追いつめられたが、配下が牛馬を放って賊軍の目をくらませるという奇策を打ったことで、かろうじて黄河を渡りきることができたという。

これで渭水《いすい》をはさんで北に曹操軍、南に馬超軍という形勢になった。曹操軍に一撃を与えた馬超軍は、優勢を恃《たの》みに有利な停戦条約を取り付けようとするが、曹操は言を左右にしてはぐらかし、また馬超との決戦も避ける。

その間、曹操は賈詡《かく》の主導で内部工作を進める。賈詡はかつて曹操と敵対し、何度も苦杯を嘗《な》めさせたこともある幕中きっての謀臣である。曹操は、旧知でもあった韓遂に内通を仕掛ける。ある時には韓遂とのみ会見を設けたが、曹操は昔話をするばかりで軍事のことには言及しない。会見後、馬超らは当然韓遂に会見の内容を問いただすも、韓遂は正直に「別段何もなかった」と答える。かえって馬超は韓遂の隠し事を疑う。またある日、曹操は韓遂に手紙を送ったが、手紙は故意に塗りつぶされた箇所が多かった。まるで韓遂が何かを隠して塗りつぶしたかのように。そのため馬超はますます韓遂を疑った。

こうして曹操は「離間の策」によって馬超、韓遂の仲を裂いた上で、決戦を申し出

曹操の関中の戦い

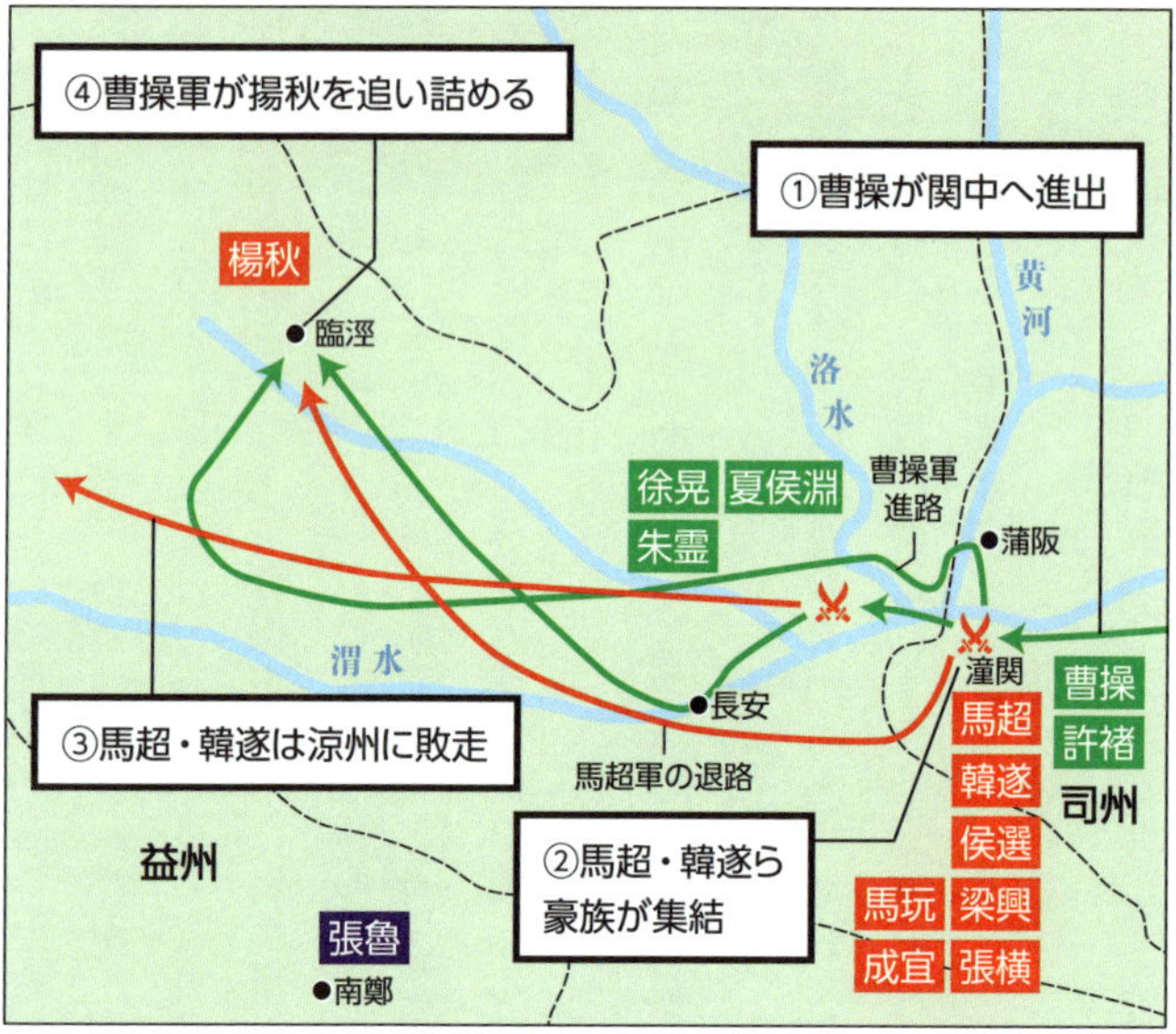

る。涼州軍は元来、長矛《ながほこ》に習熟した精鋭部隊を擁する。その精鋭を軍の中央に密集させ、さらに後軍の強弩《きょうど》部隊と左右の軽騎《けいき》兵《へい》で援護するという陣立てを得意とした。石井氏はこれを古代ギリシア・マケドニアのファランクスに喩えている。

　これに対して曹操軍は、中央にはわざと軽歩兵を置いて涼州軍の長矛部隊にあたらせ、左右に「虎豹騎《こひょうき》」を配した。虎豹騎は曹操軍において、信頼する親族の将軍に率いさせていた、精鋭中の精鋭の親衛部隊である。

合戦がはじまると、まず中央の軽歩兵が押されて後退する。だが左右では虎豹騎が圧倒するため、自然、曹操中央軍の弱さに釣られて突出した長矛部隊は、虎豹騎に左右と後方から包囲されてしまう。ファランクスは機動力に欠ける上、正面以外からの攻撃に脆い。涼州軍の切り札は、曹操軍の虎豹騎に包囲殲滅《せんめつ》された。曹操軍の圧倒的勝利だった。

潼関の戦い

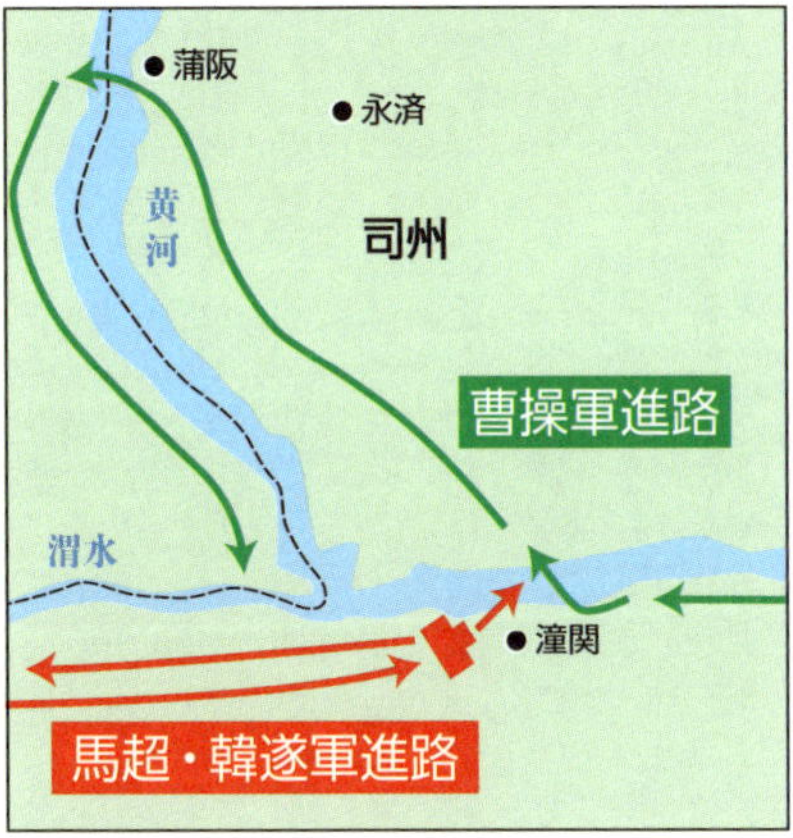

終戦後、諸将は曹操に疑問を投げかける。まず黄河を渡るなら、潼関で馬超軍とわざわざ対峙せずとも、はじめから黄河を渡るルートを選べたのではないか。それなのにわざわざ敵の眼前で渡河する危険を犯したのは何故かと。

それに対して曹操は、「そうしていたならば、賊軍は必ずや黄河の渡し場を死守しただろう。吾《わたし》はそれゆえ大軍で潼関へ向かい、賊軍を釘付けにした。だからこそ徐晃が黄河を渡り、拠点を築くことができ、吾も黄河を渡ったのだ」と答える。また、馬超の講和要求をはぐらかし、決戦も避け続けたのも、そうすることで敵の油断を誘い、その間に拠点を築いて必勝の形勢をつくるためだったと語る。

さらに開戦以前、曹操は馬超軍に一軍また一軍と軍閥たちが加勢していくのを聞き、喜びを隠さなかったという。諸将がその理由も訊ねると、「関中は広大だ。もし賊がそれぞれ拠点にこもったならば、平定には一年か二年もかかっただろう。賊軍が集結すればかえって一挙に滅ぼすことができるし、軍勢が増えたとて、ふさわしい盟主がいないために烏合《うごう》の衆にすぎない。吾はそれで喜んだのだ」と曹操は答えた。開戦前の大局眼から政略、会戦での戦術に至るまで、まさに赤壁の屈辱を雪《そそ》ぐにふさわしい、軍略の大才曹操の独壇場であった。

唯《た》だ才のみ挙げよ

潼関の戦いと前後して、曹操は内政の刷新にも乗り出す。その中でとくに後世によく知られているのが「求賢令《きゅうけんれい》」である。その令に曰く、

古の帝王のうち、賢人・君子とともに天下を治めなかった者がかっていただろうか。いま天下はなお定まらず、まさに賢人を求めるに危急の事態である。もし清廉の士でなくては任用できないとすれば、斉《せい》の桓公《かんこう》は覇者となれただろうか。いま天下に粗末な服を着ながらも玉を懐き、渭水のほとりで釣りをする者がいないといえようか。また兄嫁と密通し賄賂を取り、いまだ魏無知《ぎむち》に逢えていない者がいないといえようか。諸君、我を助けて卑賤の者であっても推挙してくれ。ただ才によってのみ挙げよ。吾はその者を用いよう。

『三国志』武帝紀

天下が乱れる世だからこそ賢人が必要なのだ、と言うのはごくごく普通のことであ

る。けれども曹操の異常はその賢人の基準にある。ここで曹操が賢人の具体例に挙げる「渭水のほとりで釣りをする者」は周の文王《ぶんのう》に見出された太公望《たいこうぼう》、「兄嫁と密通し賄賂を取る者」は漢の高祖劉邦《りゅうほう》に重用された陳平《ちんぺい》を指す。太公望は賤《いや》しい身分から抜擢され、陳平は倫理的に問題がありつつも登用され、ともに主君を王者へと導いた。曹操は彼らのような人材を、その「才」によってのみ推挙せよと言う。

第一章で孝廉《こうれん》を説明した時にも触れたけれども、孝廉に限らず、後漢においては儒教的な美徳を持つ士大夫こそが人材である、という基本的な価値観があった。徳を具えることがそのまま人間として才能がある、とされた。その中でとくに「孝」が重要視されたのは、親に「孝」であれば同じように主君にも「忠」であろうという理屈による。「才」を測る基準すなわち「徳」であった。

それに対して曹操は、才と徳を切り離して、たとえ不徳の人物であっても才があれば用いる、才こそが国家の人材登用の基準である、と言った。そのような理念を時の最高権力者が、布令という公的文書として宣言することは、大きな衝撃があった。既成の後漢の価値観、すなわち儒教の価値観に対する挑戦である。

その数年後にはさらにストレートな布令を出す。周到な念押しである。

曹操の人材たち

荀彧（じゅんいく）	163〜212	曹操の右腕として政治・軍事両面で献策するが、晩年は対立して自殺。
荀攸（じゅんゆう）	157〜214	曹操に仕えた軍師。呂布討伐や官渡の戦いで勝利に導く。
賈詡（かく）	147〜223	曹操、曹丕の2代に仕えた参謀。智謀にたけ、多くの武将に仕えた。
張繍（ちょうしゅう）	?〜207	独立勢力として曹操と戦うが、後に降る。その後、袁紹打倒に貢献した。
夏侯惇（かこうとん）	?〜220	将軍。曹操の従兄弟で挙兵時から従った。左目に矢を受けて失った。
郭嘉（かくか）	170〜207	軍師。曹操を補佐した。希代の策略家であったが、38歳の若さでなくなった。
典韋（てんい）	?〜197	曹操の身辺警護を司っていた。豪傑で酒豪。張繍の謀反で戦死。
程昱（ていいく）	141〜220	80歳と長生きした参謀。72歳で引退するが2代目曹丕に呼び出されて復職するが病死。
曹洪（そうこう）	?〜232	曹操の従兄弟。曹操に付き従い、多くの戦いに参戦。3代目曹叡の時代まで生きた。
劉曄（りゅうよう）	?〜230	許劭から「冷静沈着な人物」と評価された参謀。曹丕、曹叡の代まで仕えた。

荀彧

『絵圖三国演義』

そもそも徳のある者が功を挙げることができるとは限らず、功を挙げる者が徳ある行いができるとは限らない。陳平は誠実な行いがあっただろうか。蘇秦《そしん》は信義を守ったであろうか。だが陳平は漢の帝業を定め、蘇秦は弱国の燕《えん》を救った。人材に短所があったとして、どうして退けることができようか。官吏はこのことをよくよく考え、職に無駄をなくすように。

『三国志』武帝紀

ここでも陳平が例にされているのが面白い。兄嫁と密通するという、儒教的には相当に重い不義を働いた陳平の名前が繰り返し挙げられていることからも、曹操の儒教に対する意識のほどが窺える。曹操は、董卓のように根本的に士大夫と価値観を違える人ではない。彼自身も士大夫として、深く儒教を学んでいる。その曹操が下すから重みがある。また求賢令こそ儒教の価値観から大きく逸脱しているが、それでも曹操は儒教を根本から否定するのではない。

後漢が儒教を唯一絶対の価値基準としていたことに対し、それに続く魏晋南北朝《ぎしんなんぼくちょう》の時代では、儒教はその価値を大きく落とす。魏晋南北朝時代では、貴族は「四学」や「三教」に精通していることが尊ばれた。「四学」とは玄学・儒学・文学・史学、「三教」とは儒教・仏教・道教である。ここでの儒教（儒学）は、文学や仏教や道教と並列するものとして扱われている。ここでも決して儒教の価値が否定されたわけではない。儒教は中国が近代化するまでおよそ二千年にわたり、その価値観の基本であり続けた。けれども三国時代以降での儒教は、後漢時代のような唯一絶対の地位からは引きずり降ろされ、他の文化との間で相対化がされている。曹操は、そうした時代の先頭に立って儒教に挑んだひとりだった。

劉備の入蜀《にゅうしょく》

建安十六（二一一）年、劉備は張松《ちょうしょう》や法正《ほうせい》などの内応者を得て、西隣の劉璋が治める益州獲りに乗り出す。益州は、かつて周瑜が狙っていた地であるし、周瑜死後にも劉備は孫権から共同して取ることを持ち掛けられている。しかし劉備は孫権の誘いを拒否してあくまで独力で、「天府《てんぷ》の土《ど》」と天下三分の計で言われた悲願の益州攻略に向かう。益州・荊州を抑えることは天下三分の計の前提条件だった。

ただ、劉備は荊州から直接益州へ攻撃したわけではなくて、漢中の張魯《ちょうろ》と戦ってほしいという劉璋からの要請で益州入りをしている。その要請自体がむろん張松ら内応者による工作の結果だった。そのため劉備は益州内部から兵を挙げることができた。しかし劉備は、劉璋を降すまで足掛け四年もの時間を要し、その過程で諸葛亮《しょかつりょう》に並ぶ重臣だった「鳳雛《ほうすう》」龐統《ほうとう》が命を落としている。渡邉義浩は、劉璋がこれほど粘ることができた理由を配下の東州兵《とうしゅうへい》の強さにあると言い、かつそもそも劉璋が益州を失うきっかけになったのもまた東州兵の存在にあると言う。

劉備の入蜀経路

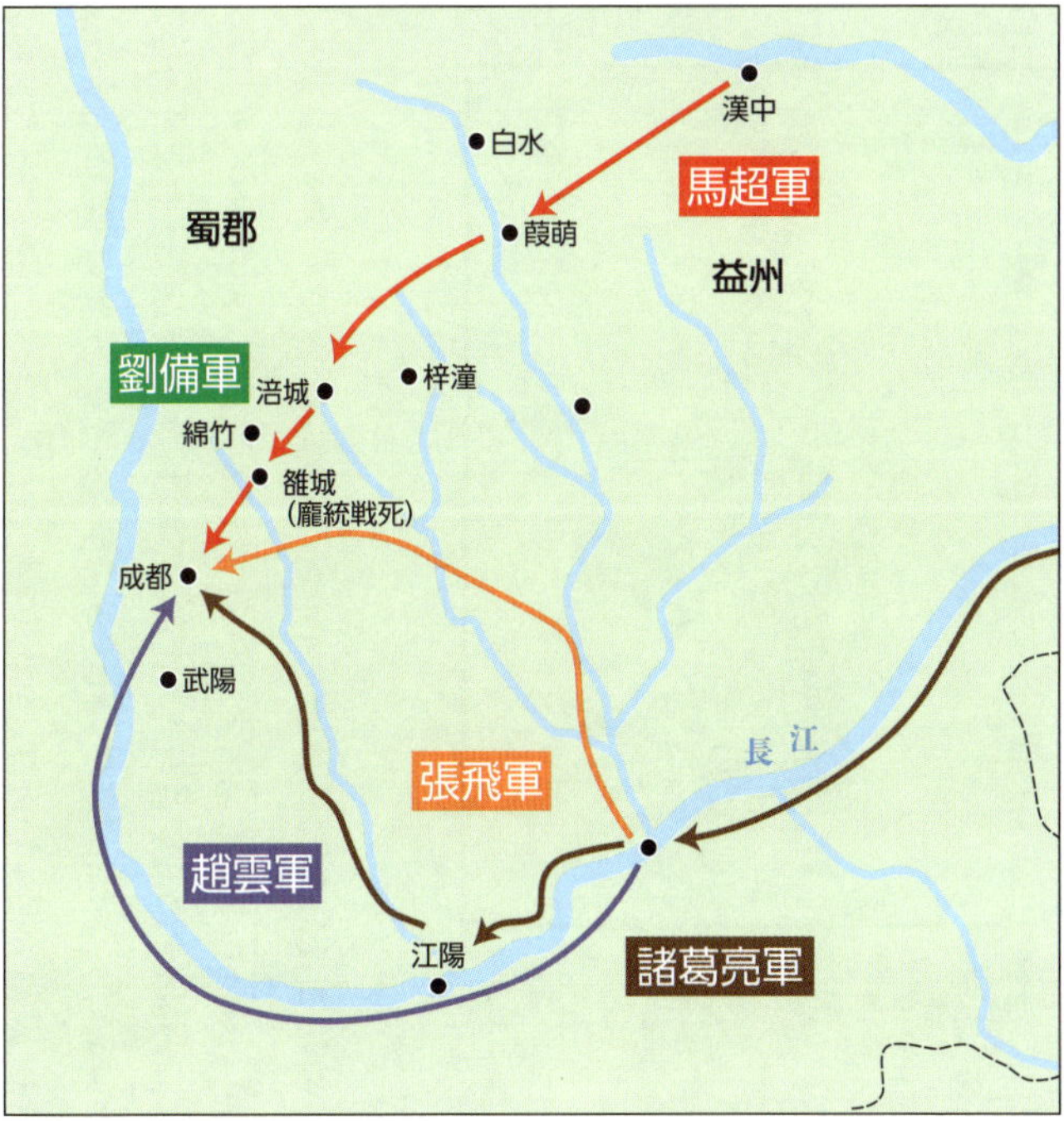

　東州兵とは、先代である父劉焉《りゅうえん》の時代に黄《こう》巾《きん》残党を中核に組織された軍隊で、劉氏の権力の要だった。しかし劉璋の惰弱さゆえに東州兵は次第に統制を失い、益州豪族の既得権益を犯し、対立を招く。自身も益州豪族である張松が劉備入蜀を画策したことは、こうした豪族層の劉璋に対する失望が背景にあった。

　劉璋の手足である東

州兵は劉備軍に激しく抵抗し、龐統を戦死させるまでに至る。しかしそれとは対照的に、李厳《りげん》や呉懿《ごい》などの益州豪族は大した抵抗もせずに降伏した。彼らのなかにも、劉璋に尽くす者がいなかったわけではない。劉備入蜀の時点では、劉璋のためにこれに強く反対する者も多かった。とくに黄権《こうけん》という重臣は、劉璋のため諫言《かんげん》を尽くすも、聴きいれられないために劉璋のもとを去り、のちに新たな益州の主となった劉備に出仕した。黄権の進退は、主君に仕える礼にかなったものとして評価された。劉璋は、こうした忠臣からも見離されたのである、と『三国志』は描く。

ところで後世、物語や朱子学の影響で劉備が仁義の人というキャラクターを確立していくと、次第にこの

龐統

『絵圖三国演義』

蜀獲りが問題視されるようになる。劉備が劉璋の要請を利用して騙し討ちにしたこと、また劉璋が劉備と同じ漢室の末裔だったことから、劉備の行為は不義ではないか、という議論が活発になる。

さらに言えばその背景には、劉備以上に高く持ち上げられた諸葛亮の存在がある。とくに宋代では、諸葛亮は理想の宰相とまで言われた。そのため、諸葛亮を持ち上げる彼らは、同時に劉備に蜀獲りを勧めた諸葛亮の不義をどう説明するかに悩まされた。その中で朱子学の祖たる朱熹《しゅき》は、「もしかしたら劉璋を騙して蜀を奪ったことは、劉備の策謀であって、諸葛亮の意思とは違っていたのではないだろうか」と諸葛亮を弁護した。これは『三国志』に記される限りで言えば明確な誤りである。蜀を奪うことは、諸葛亮が天下三分の計で示したことだった。朱熹ほどの大儒者が――「もしかしたら」という留保をしているとは言ってもここまで強引な弁護をするくらいには、この時代の諸葛亮評価は絶大だった。

困ったのは責任をなすりつけられた劉備と、劉備を主役にする『三国志演義』である。朱子学は当時の儒教思想の王道であったし、何より『三国志演義』は朱子学の価値観の上に成り立つ。さりとて朱熹の言う通りに不義の責任を劉備に被せてしまえば、仁君という劉備のキャラクターが崩れてしまう。そのためなのだろう。『三国志演義』では、本当にくどいくらいに劉備が蜀獲りをためらうシーンが挿入されている。

正史『三国志』にはそうした劉備のためらう様子は記述されない。ということは、少なくとも三国当時の価値観では、蜀獲りはそこまで深刻な不義と見なされていなかったと考えていい。けれども『三国志演義』は徹底している。諸葛亮から天下三分の計を聴かされた場面で「劉璋は同族だから蜀を奪うのは忍びない」と渋っているし、張松から乗っ取りを持ちかけられた時も、龐統に勧められても「劉璋は同族だから……」と繰り返し、果ては益州に入ったあとの土壇場になってすら渋り続けてなかなか行動を起こさない。

しかし、いかに弁明しようとも、最終的に益州を奪った結果に変わりはない。むしろ渋れば渋るほど、その仁の欺瞞が際立ってしまう。近代の文学者魯迅《ろじん》は、「劉備を温厚な人物と強調するあまり偽善者らしくなった」と『三国志演義』の欠点を指摘しているが、残念ながら的確な評価だと思う。けれどもその欠点にこそ、『三国志演義』が本当は表現したかった劉備のキャラクターは表れている。

ともかく後世の思惑は措《お》いて、劉備は悲願の益州を得た。もうひとつの目標である荊州は孫権との領有問題が続いていたから、ようやくこの時点で、劉備は天下三分の計のための最初のハードルをクリアすることができた。建安十九（二一四）年、劉備はもう五十四歳になっていた。

劉備の入蜀でも力を発揮した張飛（写真／アフロ）

魏国《ぎこく》の成立

劉備が益州を得たのとほぼ同じ頃、曹操は魏公《ぎこう》に即位し、魏国を開く。

この時の曹操は、丞相《じょうしょう》の地位にあった。丞相は官職、つまり国家から任じられる公的なお役目である。これに対して魏公は、それとは別の爵位《しゃくい》にあたる。

古代中国では、すべての民に爵位が授けられた。ヨーロッパや近代社会で言うと「爵位」は一部の上流階級に授けられる栄誉・特権であることが多いが、中国の場合はすべての民に与えられる。この「民」にはいわゆる一般庶民から、上は曹操たち国家官僚や果ては皇帝自身すらも含む。中華に生きる人間すべてを対象として、その社会的身分を表すためのものが、爵位なのである。

そして爵位のうち、もっとも上位にあるのが「天子」であり、これはもちろん当代の皇帝しか即《つ》けない。それに続くのが「王」「公」であり、これは漢では皇族にのみ限定された。「王」「公」になると領地を賜わり、その領地を「国」と呼ぶ。王・公は自分で自分の国を治めることが認められた。漢という帝国の中にいくつかの王国があった、と考えていい。

一臣下にすぎない曹操が公の位を与えられ、自分の国を持つことを許されたのは、明らかな特権だった。もちろん後漢において先例はない（基本的に）。しかも王・公は自治を許されたと言ったがそれは建て前のことで、この時代では事実上自治権を剥奪されていた。しかし曹操の魏国はその自治権をも認められた。

曹操の魏公即位は、明らかにその上である魏王《ぎおう》、さらにはその次の段階を想定していた。つまり天子の位の簒奪《さんだつ》である。

これに荀彧《じゅんいく》が猛然と反対した。これまで曹操の覇業を支え続けてきた筆頭幕僚の彼が、何故この時になって反抗したのか、はっきりした見解は現在も定まっていない。本書では、渡邉義浩の研究に従って、荀彧が「名士」であることに理由を求める。「名士」が信奉する儒教によって後漢が護られていたために、荀彧は曹操の簒奪を許容できなかったのだと。

一般に儒教は、孔子《こうし》の『論語《ろんご》』などによって、個人の道徳や修身の哲学とイメージされると思う。しかし儒教はそれだけでなく、社会全体の規範や、国家の制度や祭祀といった支配理念をも定める。前漢の高祖劉邦は大変な儒者嫌いだったが、皇帝となったのち、儒者が仕切る儀礼の整然としたさまを見て、「私は皇帝が貴いことを初めて知った」と感嘆したという。儒教には、国家の支配に権威と正統性を与える力がある。

後漢を開いた光武帝《こうぶてい》は、儒教の力によって後漢という国家を神聖化した。後漢が儒教を唯一絶対の思想としたのは、それが国家の正統性を保障する思想だったためである。光武帝の試みはかなり功を奏して、後漢末には士大夫＝国家官僚の間で、漢は侵されざるものという通念が行き渡っていた。もちろ

魏の騎馬兵

(写真／アフロ)

ん、「名士」のルーツである「党人」は後漢国家に反抗したが、それは後漢の現状に反抗したのであって、儒教によって理想化された漢そのものを崩そうとしたのではない。この点、道教によって儒教と漢をまるごと滅ぼそうとした黄巾とは違う。漢は滅びてはならない、というのが当時の基本的な理念だった。魯粛という例外もいたけれども。

「名士」荀彧の命を賭した反抗に、曹操は君主権力でもって処断する。荀彧はこの直後、孫権討伐に従軍した最中に死ぬ。歴史書は荀彧の死因を表面上は自殺と記録するが、その背景に魏公問題と曹操の思惑があったことは明らかで、『三国志』荀彧伝は、「太祖《たいそ》（曹操）の軍が濡須《じゅしゅ》まで到着すると、荀彧は病により寿春《じゅしゅん》に留まり、自殺した。翌年、太祖はかくして魏公になった」と記す。荀彧の最期に続けて「太祖はかくして魏公になった」とわざわざ書くのは、「春秋の筆法」による『三国志』のほのめかしである。

かくして魏公に即いた曹操は、三年後には魏王に進む。王より上には天子しかない。漢の滅びまで、あと一歩のところだった。

第六章

奸雄《かんゆう》の死、諸葛亮《しょかつりょう》の北伐《ほくばつ》

(写真／アフロ)

関羽《かんう》が麦城《ばくじょう》に馬を廻《めぐ》らす

建安《けんあん》二十三（二一八）年、劉備《りゅうび》は蜀《しょく》から北の漢中《かんちゅう》に侵攻する。漢中は長らく五斗米《ごとべい》道《どう》（道教の一派）の張魯《ちょうろ》によって支配されていたが、この三年前に張魯を降伏させた曹操《そうそう》の支配圏となっていた。守りに置かれたのは、旗揚げ以来の古参で曹操のいとこでもある夏侯淵《かこうえん》。

劉備軍は、新参の猛将馬超《ばちょう》や黄忠《こうちゅう》、古株の張飛《ちょうひ》の活躍で夏侯淵を討ち取り、漢中を占拠する。その奪還に曹操自らが出征したが、中原《ちゅうげん》から見ると漢中は陸の孤島。補給の面で、蜀を握る劉備には不利に立たされる。曹操は劉備を攻めきることができず、「鶏肋《けいろく》」と言い残して撤退した。鶏の肋《あばら》は捨てるのには惜しいが食べる肉がない、という意味である。漢中の戦いは劉備の生涯で唯一、曹操本人を退けた戦いとなった。これを以て劉備は漢中王への即位を宣言する。曹操の魏王即位に対抗したものである。

その翌年、今度は荊州《けいしゅう》から関羽が北上して曹仁《そうじん》を攻める。天下三分の計では、益州《えきしゅう》と荊州の二方面から曹操を攻めることが基本方針となっていた。関羽の出征は、その基本戦略に従って、劉備の北上に呼応したものと考えていい。

ただこの時、依然として荊州をめぐる孫権《そんけん》と劉備の問題は解消されていなかった。孫権としては関羽の独行《どっこう》を許してしまえば、荊州全体が劉備方に掌握されることになり、将来がない。これに先立つ時期、孫権は劉備との同盟を一応は維持しつつも、魏王となった曹操に臣下の礼をとっていた。魏蜀《ぎしょく》の二国間を巧みな外交で潜《くぐ》り抜ける孫権は、ここで劉備との同盟を破棄。呂蒙《りょもう》を総大将として荊州に進攻させ、関羽軍を背後から襲う。魯粛《ろしゅく》はすでに病で世を去っていた。

関羽は本拠地の陥落を知ると、引き返して奪回を図る。しかし呂蒙の包囲は万全で、関羽は麦城で孤立した末、孫権軍の手に落ちて没した。建安二十四（二一九）年冬十月。劉備は、関羽と荊州というなにものにも代えがたい二物を同時に失う。

『三国志』には関羽の性格について、矜持《きょうじ》が高く、兵卒は厚遇したが士大夫《したいふ》には傲慢だったとある。荊州という統治と折衝の機微が問われる地の主としては、その傲慢さは致命的な欠点だった。関羽は、呉に対して威圧的な態度を崩さず、また呂蒙や陸遜《りくそん》を侮ったことでその侵攻を許した。留守を任されていた部下は日頃厳しくあたる関羽を見限り、孫権に降伏した。

関羽の死

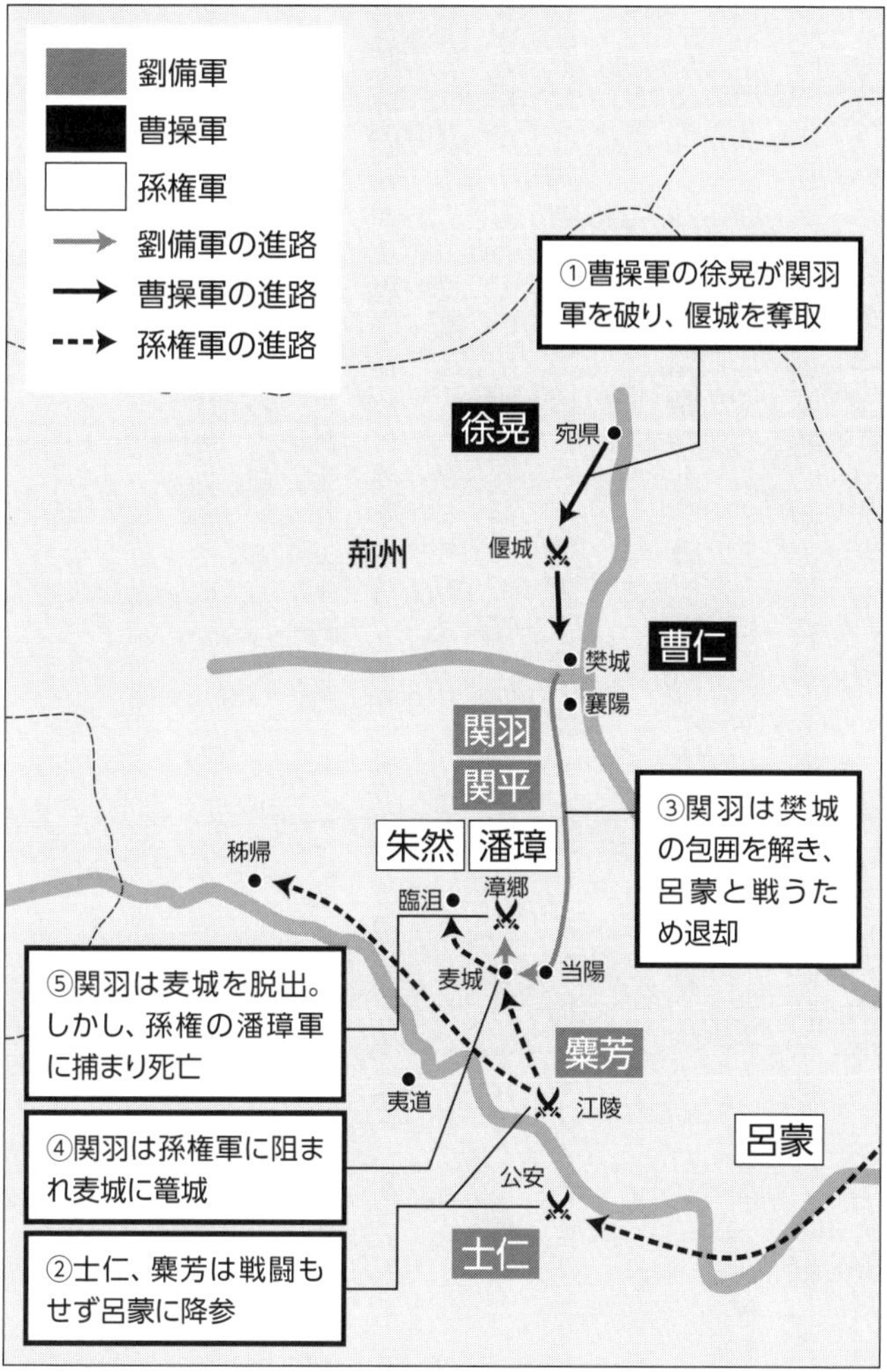
劉備軍
曹操軍
孫権軍
劉備軍の進路
曹操軍の進路
孫権軍の進路
①曹操軍の徐晃が関羽軍を破り、偃城を奪取
徐晃
宛県
荊州
偃城
曹仁
樊城
襄陽
関羽
関平
③関羽は樊城の包囲を解き、呂蒙と戦うため退却
朱然
潘璋
秭帰
臨沮
漳郷
麦城
当陽
⑤関羽は麦城を脱出。しかし、孫権の潘璋軍に捕まり死亡
糜芳
夷道
江陵
呂蒙
④関羽は孫権軍に阻まれ麦城に籠城
公安
士仁
②士仁、糜芳は戦闘もせず呂蒙に降参

関帝信仰《かんてい》

たしかに関羽は武勇には抜きんでていた。『三国志』も、その武は万人の敵軍に匹敵したと評する。劉備からの信頼も厚かった。『三国志』関羽伝でその経歴を見ると、関羽は戦線に立つ劉備と別行動をして本拠を任されることが多い。益州を得た後の劉備が首脳陣のほとんどを益州に移動させ、荊州を関羽に任せたのもその一環だった。しかし軍の統帥だけでなく、行政や折衝まで担わなくてはならない一州の主としては、関羽の力量は不足していた。そういう意味で関羽は、どう贔屓目に見ても「優れた将軍」どまりの人物で、曹操ほか並み居る三国志の英雄たちを圧倒するような大人物であるとはとても言えない。

しかし後世、関羽は「関帝」と呼ばれ、神として絶大な信仰を寄せられる。中国では歴史上の人物が神として祀《まつ》られることはさほど珍しくない。しかし関帝信仰の熱量は異常で、アジア圏での信奉者の数で言えば、関帝は釈迦や観音菩薩すらも上回っているのではないかという中国人研究者もいる。さすがに釈迦と観音以上と言うのは盛

関帝廟

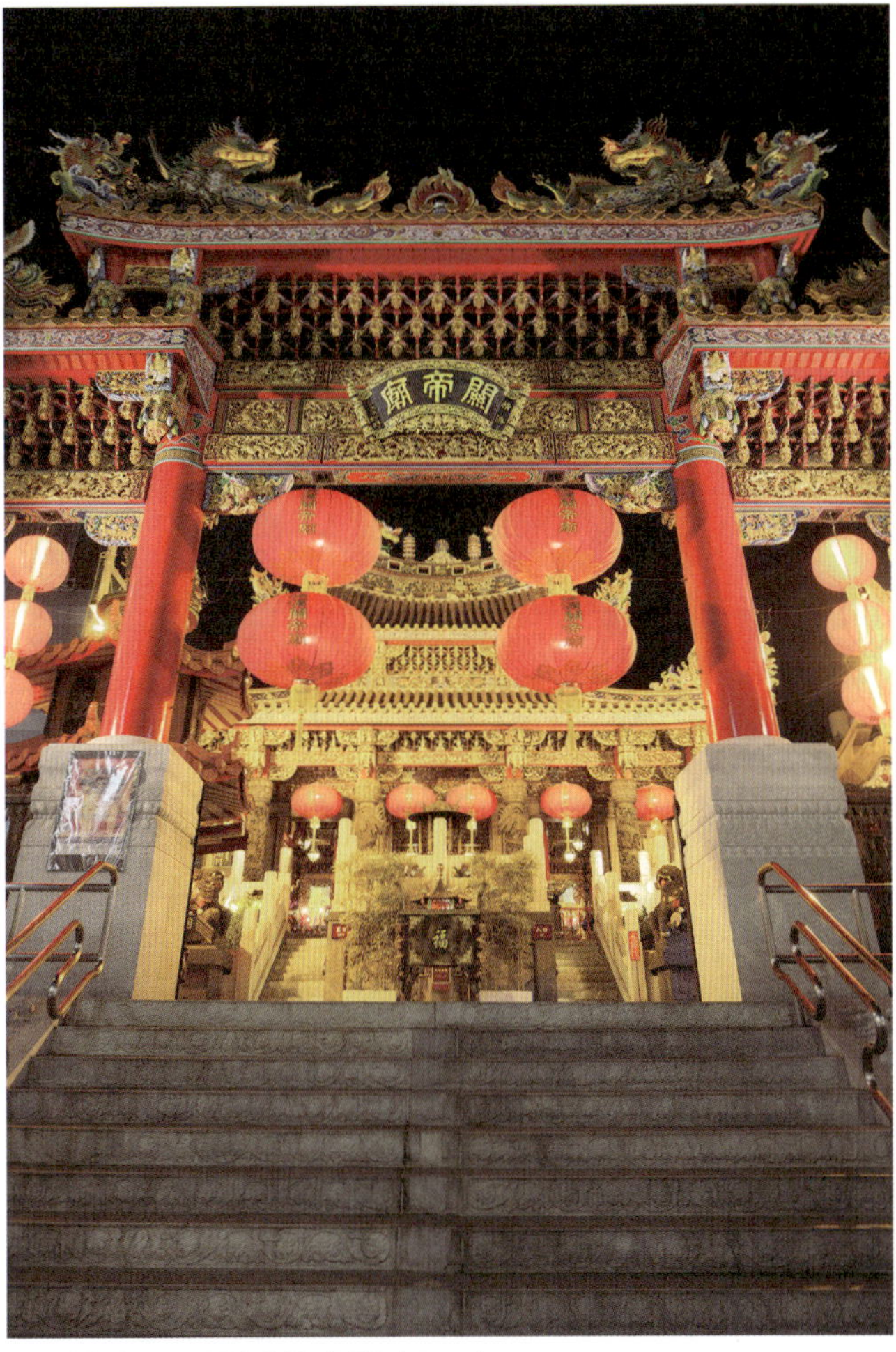

横浜中華街にある関帝廟前（写真／アフロ）

りすぎではないかと思わないではないけれど、ただ少なくともその二仏と比較の対象になるくらいの存在であることは不思議に感じない。

関帝信仰の起源ははっきりしない。唐《とう》代から祀られたという記録もあるが、本格的に信仰が拡大するのは宋《そう》の時代である。

宋は、歴代王朝でもとくに軍事的に弱い国家だった。ゆえに武神である関羽を祀り、その武威にすがった。また宋だけでなく以降の王朝もみな、関羽を武神として祀っている。

それと同時に民間での信仰も広まった。関羽の故郷である現在の山西省運城市《さんせいしょううんじょうし》は、解池《かいち》という巨大な塩池を持つ、中国最大の塩の生産地である。生活の必需品である塩は、国家の財政を左右するほど莫大な利益を生む。この利益によって山西省・陝西省《せんせいしょう》出身の商人集団「山西商人」が台頭する。彼らは国家と深く結び付き、清《しん》代には中国商業界の二大勢力の片翼を担う。

彼ら山西商人が行商の際に守り神としたのが、故郷の神・関羽だった。また彼らは、異郷で商業拠点を築く際には、真っ先に関羽の廟《びょう》（関帝廟）を建てたという。中国全土に関帝信仰が及んだ理由である。

こうした需要が、次第に関羽に義神としての性格を強めさせる。

関羽の経歴上でもっとも特筆すべきことは、その武勇ではない。一度は曹操に降伏しながら、劉備からの旧恩を優先してそのもとに戻ったことである。曹操は関羽を評価し、手厚く礼遇した。しかし関羽はそれに深く感じ入り、顔良《がんりょう》を討つことで恩に報いたものの、それでも劉備を選んだ。あくまで旧主への忠を一貫させつつ、曹操の厚遇にも背かない。曹操はその志をきわめて高く評価し、関羽を「義」であるとした。それゆえ関帝信仰では、関帝は武神である以上に「義の神」として尊ばれる。

古今東西、コミュニティの中核に宗教崇拝を据え、結束を固めるのはどこも変わらない。中国の商人たちは、その役割を義神関帝に求めた。異郷の地で、出身地も異なる商人たちが相互の信頼関係を築くのに、これほどうってつけの神もない。また、信用を第一とする客商売において、「義」が重要な価値観だったこともあるだろう。のちに世界各地に散らばった華僑《かきょう》も、やはり関帝を崇拝した。バンコク、シンガポール、横浜、コルカタ、ニューヨーク……世界中のチャイナタウンに関帝廟はある。

現代でも、関帝は義の神として君臨している。義を体現した関羽の生き様は、今もなお、それを崇《あが》める人々の生きる規範となっている。

漢魏革命《かんぎ》

建安二十五（二二〇）年春正月、魏王曹操は洛陽《らくよう》で崩御した。年六十六。諡《おくりな》は武王《ぶおう》という。

陳寿《ちんじゅ》は『三国志』で、曹操を「非常の人、超世の傑」と評する。尋常ではない人物、時代を超えた英傑という意味である。乱世を生き残って魏の礎を築いたことはもちろんながら、曹操の才はそれに留まらない。儒教経典に精通した学識、『孫子《そんし》』に注をほどこす軍略、「建安文学」を興した文学センス。当時新興された道教にも興味を示し、養生の法を好み、書・囲碁・音楽にも一流だったという。歴史書が王朝の開祖を高く持ち上げることは当然としても、こうした多能ぶりで評価することは珍しい。

『三国志演義《さんごくしえんぎ》』は、このような曹操を古今の奸雄《かんゆう》中の奸雄として、劉備を阻む敵役、倒されるべき悪役に据えた。ただしそのスケールは董卓《とうたく》や呂布《りょふ》のような小悪人とは違う。圧倒的実力を持つ大奸雄を敵役として描いてこそ、漢を守るため身命を賭《と》す劉備・諸葛亮の姿を輝かせることができる。

曹操高陵

写真／アフロ

曹操の没後、後継者となった曹丕《そうひ》は、後漢《ごかん》の献帝に禅譲を迫り、皇帝（天子）に即位する。漢魏革命である。曹操は生前、魏王に留まって自ら皇帝になることはできなかった。

中国には、王者が徳を失った場合、別の有徳の者が代わって天命を受けて王朝を交替させるという『孟子《もうし》』以来の思想がある。王朝の姓が易《か》わり天命を革《あらた》めるので、易《えき》姓《せい》革命という。

易姓革命には二通り、武力で先王を打倒する「放伐《ほうばつ》」と、先王が自ら位を譲る「禅譲」とがある。理想とされたのはもちろん後者の禅譲である。とは言っても本当の意味で皇帝が自発的に位を譲るわけはないので、あくまで建前ではあるけれども、それでも宋（北宋《ほくそう》）までおよそ八百年間、中国の王朝交代は基本的に禅譲の形式がとられた。

その禅譲の手順を完成させ、後世の手本となったのが曹操と曹丕だった。この禅譲のモデルを「魏武輔漢《ぎぶほかん》の故事」と呼ぶ。

万世一系という建て前がある私たちからするとピンとこないところだが、なぜ一個の王朝が中華を支配してよいのかということは、自明のことではない。そのため後漢

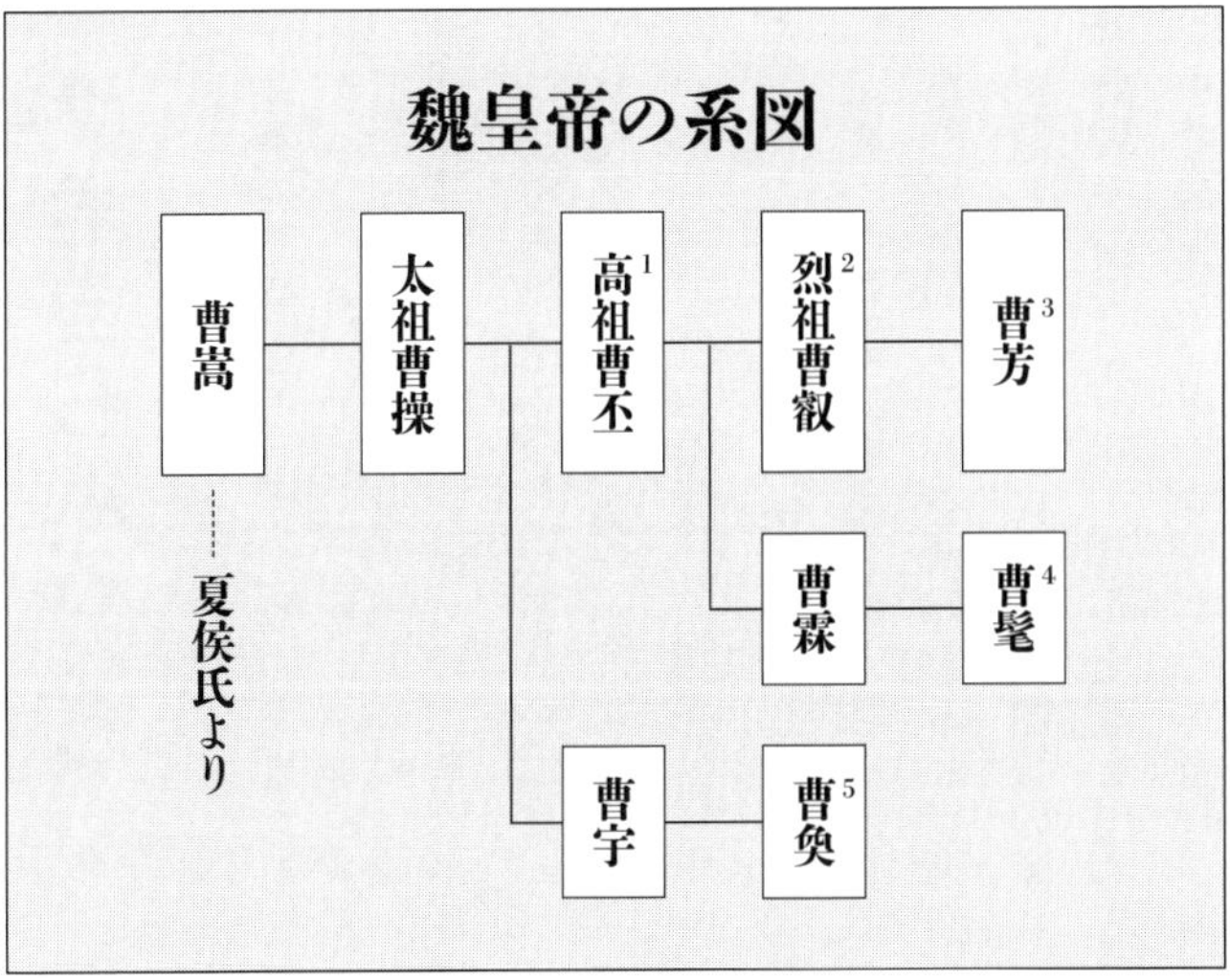

は、儒教を利用して自らの支配を正統化した。それはきわめて高度な理論体系だった。

ただ後漢がいかなる理論で正統性を固めたか、そして漢に取って代わった魏がいかなる理論でその正統性を克服したのか、それを具体的に言おうとすると現在でもあまたの研究が続けられているくらいなので、とても書ききることはできない。きわめて高度な理論体系だった、と言う他ない。

曹操と曹丕は王朝交替という国家の最大事を、しかも前例のない形で達成した。おそらくだけど、二人がいなかったら後の中国史は変わっていたかもしれない。

君自ら取るべし

曹丕の即位を追って、劉備もまた百官《ひゃっかん》に推戴されて皇帝に即位する。曹丕が禅譲を受けたことを認めないという立場なので、名目では劉備は漢の皇統を継いだと称する。ゆえに正式な国号は「漢」で、前漢や後漢と区別して便宜上、「蜀漢《しょくかん》」や「季漢《きかん》」（季は末の意味）と呼ぶ。

皇帝劉備は、はじめに関羽の仇討ちに乗り出す。しかしこれには反対する臣下もあった。とくに趙雲《ちょううん》は、「国賊は曹操であり、孫権ではございません」と言って劉備を諫《いさ》めたという。後漢を滅ぼした曹魏《そうぎ》を討つことは蜀漢の国是であり、それを捨てておいて腹心関羽の仇討ちという私事に奔るのは、皇帝としてふさわしくない。

ただ理念的な是非を別とすると、劉備の親征にも合理性はある。孫呉《そんご》討伐は、関羽の仇討ちである以上に、荊州回復の意味があった。荊州は、天下三分の計で示された対曹魏の前線である。呉が支配を固める前に歴戦の劉備自らが奪回に向かうのは、そこまで逸脱した行動でもない。当時、蜀漢の丞相《じょうしょう》となっていた諸葛亮も、公式の歴史

荊州古城

関羽の本拠地、中国、湖北省にある荊州古城の賓陽楼（写真／アフロ）

記録に残る範囲ではこの件に何も発言していない。

しかしその矢先、もうひとりの腹心、張飛の死という悲劇が劉備を襲う。張飛は日頃から目下の者に過剰に厳しくあたっていたため、劉備もたびたび窘めていた。それでも張飛は態度を改めず、そのため配下の将に殺害されることになった、と『三国志』は記す。張飛の陣営の者が緊急の報せを劉備に届けようとしたところ、劉備は報せを見ずに「ああ、張飛が死んだ」と悟ったという。

手足を続けざまに失った劉備は、それでも緒戦は優位に戦を進めた。対する孫権は、得意の外交で魏と結んで背後の憂いを断つと、陸遜に迎撃の全権をゆだねる。陸遜は持久策を採り、蜀漢軍を疲弊させ、その陣営が長く伸びきったのを見るや、火計にて一挙に逆襲した。劉備は壊滅的な大敗を喫した。『三国志』ほか歴史書には、この夷《い》陵《りょう》の戦いで馬良《ばりょう》以下の多くの人物が戦死したと記録される。尋常の敗戦では、兵はともかく将や幕僚まで命を落とすことは少ない。曹操の大敗とされる赤壁の戦いですら、特定の人物の死は記録されていない。劉備の敗北はそれほどまでに致命的だった。

白帝城《はくていじょう》まで敗走した劉備は、痛恨のあまり死の床に就く。最期を悟った劉備は諸葛亮を呼び寄せ、後事を託す。

先主（劉備）は諸葛亮に、「君の才は曹丕に十倍する。必ずや天下を安んじて大事を成し遂げるだろう。もし嗣子《しし》（劉禅《りゅうぜん》）が補佐するに値するなら支えてほしい。しかしもしその才がなければ、君が自ら取れ」と言った。諸葛亮は涙を流し、「臣《わたくし》は心より力を尽くし、忠誠を奉げ、最期には命を捨てる所存であります」と言った。

『三国志』諸葛亮伝

劉禅が補佐するに値しなければ「君が自ら取れ」と命じた遺言をめぐっては、歴代多くの議論がされてきた。明代《みん》の学者王夫之《おうふうし》は、これを「乱命」（臣下が従うことのできない命令）とした。諸葛亮にすれば、いくら遺言で「君が自ら（皇帝の位を）取れ」と命じられたとしても、立場上それに従うことはできず、劉禅への忠義を誓わざるをえない。

これを踏まえて渡邉義浩は、劉備は乱命によって諸葛亮から忠誠を引き出そうとしたのであり、劉備と諸葛亮の間には利害を超えた全面的な信頼関係はなかった、という。柿沼氏もこの見解におおむね賛同する。一方満田剛氏は、劉備が本当に「君が自ら（皇帝の位を）取れ」という意味で言ったとすると、漢室再興という国家方針を放棄するに等しいことから、劉備の意図は諸葛亮を政権運営の後継者として内外に宣言することにあった、と指摘する。

いずれが正鵠《せいこく》を射ているのか、あるいはいずれもが正しいのか、本書ではそれを断言することはできないけれども、ただ言えるのは、この遺言を諸葛亮伝に記録した陳寿の意図は、理想の君臣関係を表現して両者を讃えることにある。陳寿が「君臣の至公」と評したこの故事は、後世では忠の典型としてきわめて高く評価されていくことになった。

白帝城

三国志・聖地、劉備玄徳終焉の地（写真／アフロ）

出師表《すいしのひょう》

劉備死後の諸葛亮は、「自ら取る」ような独裁を振るいつつ、皇帝劉禅への忠誠を守り続ける。すでに天下三分の計で想定されていた荊州は失われた。それでも諸葛亮は、呉との関係を修復してふたたび共同戦線を組み、愚直なまでに魏に挑み続ける。建興《けんこう》五（二二七）年、万難を排した諸葛亮は、益州から北へ向けて曹魏討伐に赴く。都合五度に及んだ北伐のはじまりである。それに先立ち、出征を求める上表《じょうひょう》（天子に文書を奉ること）を行う。後世、これを読んで涙を落とさぬ者は不忠、とまで言い切られた「出師表」である。

先帝 創業未だ半ばならずして、中道に崩殂《ほうそ》せり。今 天下三分し、益州疲弊す。此れ誠に危急存亡の秋《とき》なり。然れども侍衛の臣 内に懈《おこた》らず、忠志の士 外に身を忘るるは、蓋し先帝の殊遇を追ひて、之を陛下に報いんと欲すればなり。……先帝、臣の卑《ひ》鄙《ひ》なるを以てせず、猥《みだ》りに自ら枉屈《おうくつ》し、三たび臣を草廬《そうろ》の中に顧み、臣に諮《はか》るに当世の事を以てす。是に由りて感激し、遂に先帝に許すに駆馳《くち》を以てす。……今、南方は已に定まり、兵甲は已に足り、当に三軍を奨率し、北のかた中原を定むべし。庶《こひねが》はくは駑鈍《どどん》を竭《つく》し、姦凶を攘《はら》ひ除き、漢室を興復し、旧都に還さん。……臣、恩を受くるの感激に勝《た》へず。今、遠く離るるに当たり、表に臨みて涕零《なみだお》ち、云ふ所を知らず。

『三国志』諸葛亮伝

「出師表」はまず、先帝（劉備）が志半ばで斃《たお》れたこと、現在が天下三分という危機的状況にあることを説くところから始まる。

諸葛亮は言う。事態は深刻である。しかしそれでも内外の臣も自分も職分を尽くすことをやめはしない。それは何故か。先帝から受けた恩を陛下（劉禅）に返さなくてはならないからである。臣《わたくし》は卑しい身分ながら、先帝から三顧の礼を受けたことで感激し、忠誠を奉げると誓った。今、南方は平定され、軍も出来している。今こそ三軍を挙げて北方を平らげるべきである。願わくは微力を尽くして、奸賊《かんぞく》を滅ぼして漢室を再興したい。臣は大恩を受けて感激に耐えない。遠征するにあたり、この上表を前にして涙が零れ、言うべき言葉が見当たらない、と。

出師表において諸葛亮は、劉備から受けた恩こそが自分が力を尽くす理由である、と言う。また出師表では、劉備を指す「先帝」という言葉が実に十三回も、繰り返し繰り返し使われている。劉禅を指す「陛下」という呼びかけよりも多い。諸葛亮の忠は――諸葛亮の正当性は、劉備から受けた大恩に報いること、つまり劉備の遺志である漢室復興を果たすことに支えられている。

諸葛亮の率いる現政権は、これに支配される益州の側から見ると外来政権でしかない。そのため、渡邉義浩・柿沼陽平氏の研究で明らかにされたように、劉備・諸葛亮は益州を得た当初から豪族層の既得権益を極力守るように努め、彼らを抜擢することに心を砕いた。

それでも、なぜ外から来た彼らが益州を支配してよいのかという正当性は説明され尽くせない。もちろんきっかけとしては、益州側がやはり外来政権だった劉璋《りゅうしょう》を追い出すために劉備たちを呼び寄せたという事情があったにせよ、今後も益州側が諸葛亮たちの側に主導権を握らせ続けてもよいとはすんなりいかない。それを解決するため、旧来の臣下にも益州の人士にも共有できる大義名分が必要とされた。それが奸賊である曹氏を破り、漢室を再興させることだった。

三国（227年頃）

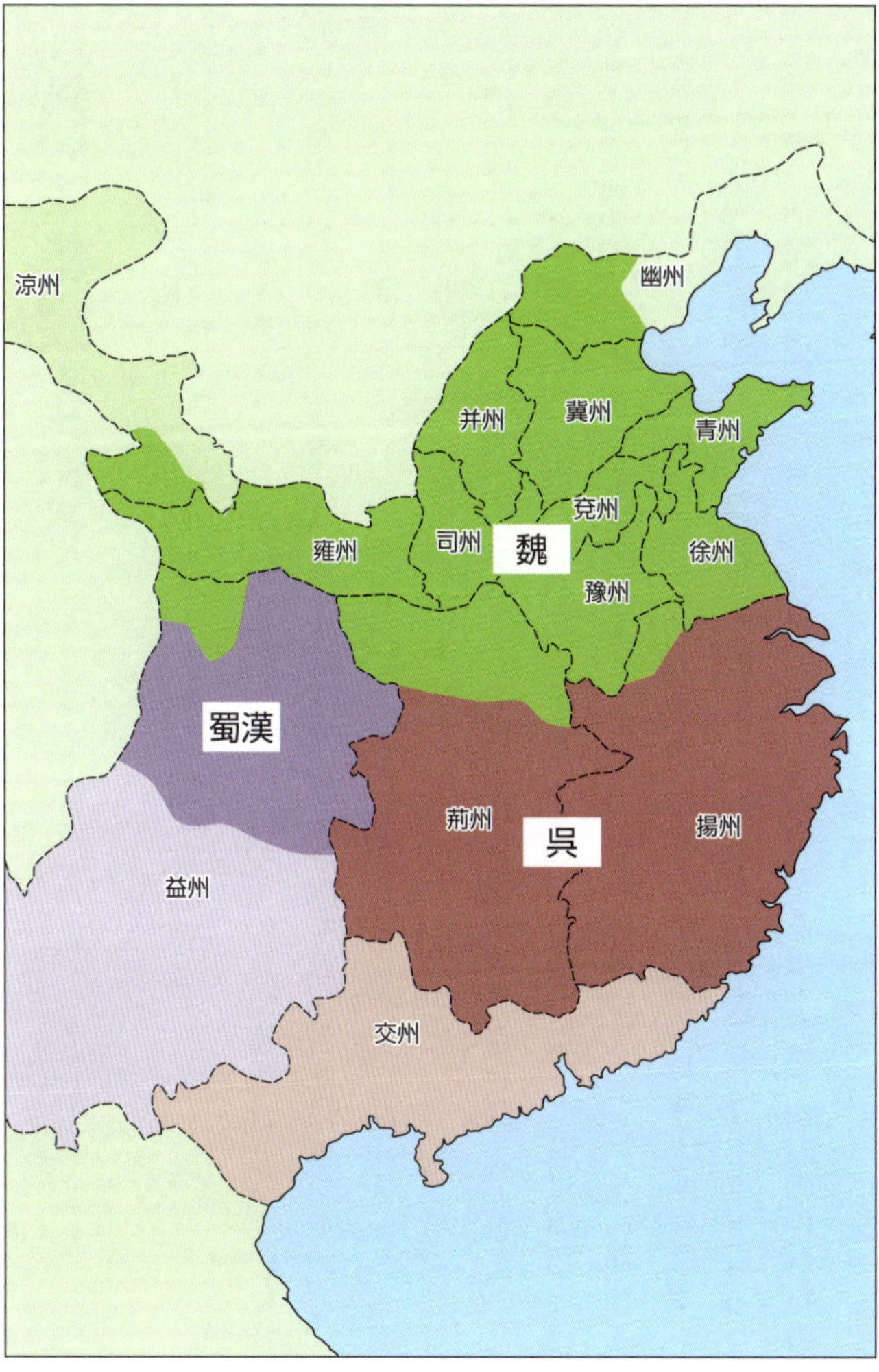

泣いて馬謖《ばしょく》を斬る

五回の北伐のうち、もっとも勝機があったのは第一次北伐だったとされる。

北伐の第一目的は旧都長安の奪還にあった。そのため軍の重臣魏延《ぎえん》は一気呵成《かせい》に長安を取る策を主張したが、諸葛亮はそれを採用せずに、まず涼州《りょうしゅう》方面に軍を進める。一見すると遠回りのようでも、長安の背後である涼州を得ることで、益州・涼州の二方面侵攻にて長安を狙ったのである。

また満田剛氏によれば、涼州を抑えることで得られる経済的利益も無視できないという。涼州は、シルクロードに繋がる交易上重要な地域でもあった。さらに諸葛亮は先立つ南征のときに、益州からミャンマー・インド、さらには中央アジアへと通じる「西南シルクロード」も抑えていた。シルクロードというと普通は東トルキスタン（ウイグル）を横断する北方のそれが思い浮かべられるが、西南シルクロードもまた古くから交易の活発な交通路だった。私たちがイメージする以上に、当時の中華は外界と繫がっていた。このふたつの重要交易路を抑え、国力に勝る魏に対して経済面で差を縮めることが諸葛亮の狙いだった。

さらには西の辺境である涼州を得れば、周辺異民族を糾合することにも繋がる。蜀漢には、かつて涼州で鳴らした馬超の残存勢力（馬超自身はすでに没していた）もいた。

このように涼州をまず狙った諸葛亮の軍事行動は、堅実かつ大局的な戦略であり、実際に諸葛亮は天水郡《てんすいぐん》ほか二郡を制圧し、涼州を掌握するあと一歩のところまできていた。

しかし、街亭《がいてい》で馬謖が敗れたことですべてが瓦解した。涼州の東に位置する要衝の街亭を失えば、魏はいくらでも涼州へ援軍を送れてしまう。諸葛亮は制圧した三郡も放棄し、総撤退せざるを得なかった。ただこの時、諸葛亮が軍事上もっとも困難な撤退戦を無難にやり遂げたことは、その軍才のひとつとして評価されるべきだろう、と渡邉義浩は言う。

それでも、第一次北伐の失敗は大きすぎる痛手だった。敗戦を招いた馬謖は、諸葛亮と親交厚かった馬良の弟であり、諸葛亮からもその才覚を評価されていた、いわば愛弟子だった。その一方で、劉備はそれを机上の才と見ていたか、馬謖には重要な仕事を任せぬよう臨終で諸葛亮に言い遺していたという。しかし諸葛亮は馬謖を重用した。諸葛亮も馬良も馬謖も、同じ荊州時代の「名士」コミュニティに属する。しかし、入蜀時に戦死した龐統《ほうとう》、夷陵の戦いで戦死した馬良。諸葛亮の荊州時代からの知己はすでに多くが世を去っていた。そのなかで馬謖は、遺された数少ないひとりだった。

そのため諸葛亮は、馬謖を抜擢した咎《とが》を負わなくてはならなかった。群臣には、人材が限られる中で馬謖の才を惜しむ者もいたという。それでも諸葛亮は、法を順守する重要さから、軍法通りに馬謖を処刑した。前述のように蜀漢政権の上層は、外来人士が占めるウェイトが大きい。その外来人士の領袖《りょうしゅう》である諸葛亮が、同じ外来人士の馬謖を無理に庇《かば》えば、他の益州人士からの信頼を失いかねない。馬謖を処刑した諸葛亮は、同時に自らの降格も申し出ている。諸葛亮にはあえて公正に振る舞う必要があった。

しかし実際、人材は多くは残されていなかった。劉備時代から三十年以上仕えた古参、趙雲もこの翌々年に没している。諸葛亮が劉備に見出されてからも二十年が経過している。諸葛亮はますます孤軍奮闘の色を強めていく。

街亭の戦い（227年）

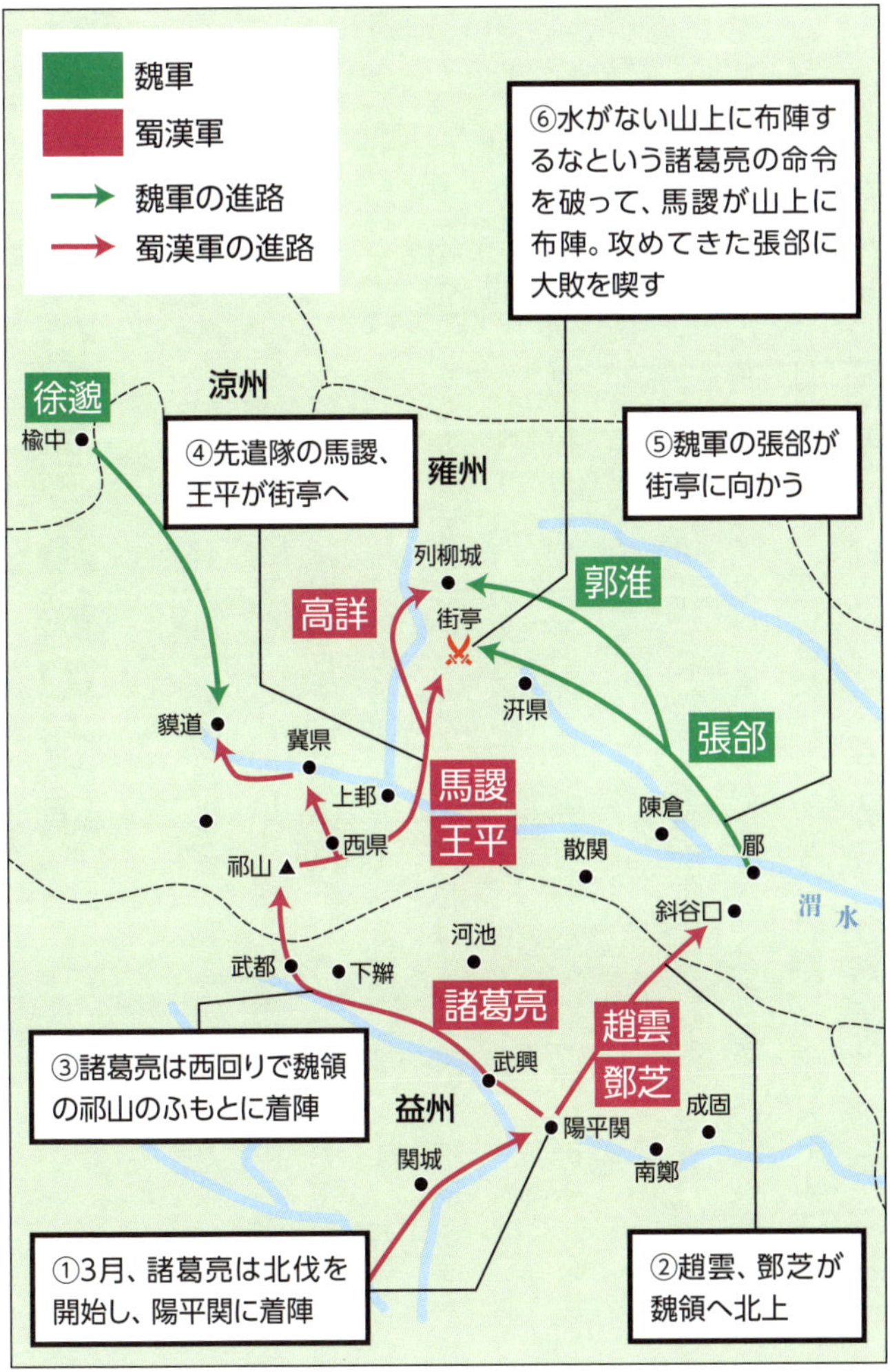
魏軍
蜀漢軍
魏軍の進路
蜀漢軍の進路
⑥水がない山上に布陣するなという諸葛亮の命令を破って、馬謖が山上に布陣。攻めてきた張郃に大敗を喫す
徐邈
榆中
涼州
④先遣隊の馬謖、王平が街亭へ
雍州
⑤魏軍の張郃が街亭に向かう
列柳城
郭淮
高詳
街亭
汧県
獂道
冀県
張郃
上邽
馬謖
王平
陳倉
西県
祁山
散関
郿
斜谷口
渭水
河池
武都
下辯
諸葛亮
趙雲
鄧芝
武興
③諸葛亮は西回りで魏領の祁山のふもとに着陣
益州
成固
陽平関
関城
南鄭
①3月、諸葛亮は北伐を開始し、陽平関に着陣
②趙雲、鄧芝が魏領へ北上

孫権の即位と司《し》馬《ば》懿《い》の台頭

諸葛亮の北伐と前後する時期に、魏と呉でもまた大きな動きが起こった。

呉では、黄龍元（二二九）年に孫権が皇帝に即位する。孫権は、夷陵の戦いが起こった黄初三（二二二）年の時点では、名目上は魏の臣下だった。そして劉備に勝利した直後に魏と断交。呉王として自ら元号を定めた。元号を定めることは、本来的には中華の支配者（皇帝）にしか行いえない。この時の孫権はまだ皇帝こそ称さなかったものの、事実上の独立を意味する。あえて皇帝即位まで向かわなかったのは、あるいはこの後に蜀漢との同盟回復を見据えてだったのかもしれない。同年の十二月に蜀漢と呉はふたたび修好関係を結ぶ。

それゆえ、北伐の最中である二二九年に孫権が皇帝即位を宣言したことは、蜀漢を動揺させた。理念上、中華に皇帝はただ一人のみでなくてはならない。皇帝が他に立った皇帝を認めることはありえない。漢による中華の再統一を国是とする蜀漢にとって、孫権の即位を容認することはその理念を歪めることになる。

それでも諸葛亮は、群臣の言を退けて孫権との同盟継続を選んだ。益州しか持たない蜀漢では、単独で魏を滅ぼすことが困難だったためである。益州は北側に険しい秦《しん》嶺《れい》山脈を戴くため、行軍するにも狭い桟道《さんどう》（絶壁の崖に沿ってかけた橋の道）を通らざるを得ず、守りに固い一方で、打って出るには不都合な土地だった。天下三分の計が、益州・荊州の両方面からの進攻を想定した理由である。そして荊州が失われた以上は、それを領有する呉との共同戦線はやはり欠かせない。諸葛亮は自らの基本方針に従うため、孫権の即位を認めるしかなかった。

一方の魏では二二六年、皇帝曹丕が崩御して子の曹叡《そうえい》が継ぎ、それに伴い司馬懿が台頭しつつあった。司馬懿は、字《あざな》を仲達《ちゅうたつ》、司隷河内郡《しれいかだいぐん》の人。家は、代々二千石クラスの高級官僚を輩出した名門である。司馬懿には兄弟が八人おり、彼らは「司馬八達」と謳われるほどに秀でたが、司馬懿はそのなかでもっとも優秀だったという。若くして荀彧《じゅんいく》に推挙され、荀彧死後の「名士」の中心のひとりとして頭角を現す。

曹操は司馬懿を抜擢して当時太子だった曹丕の側近とする一方、その才を警戒してもいたという。それでも曹丕は、若い頃から自分を支えた司馬懿を重用し、臨終にあたり後事を託した。この司馬懿が、諸葛亮の北伐の前に立ちはだかる。

五丈原《ごじょうげん》の戦い

第二次以降の北伐では、一進一退の形勢が続いた。奇襲的な第一次北伐が失敗し、魏側も対蜀に力を傾けるようになったためだろう。このあたりは一族の重鎮で総指揮を振るった曹真《そうしん》、その没後に地位を継いだ司馬懿、そして彼らを任用した皇帝曹叡の手腕が大きい。

しかし諸葛亮は北伐を継続する。短期間で連続する軍事行動は蜀漢にとって大きな負担だっただろうが、諸葛亮は北伐と並行して内政にも力を注いでいた。農業の要となる治水のために都江堰《とこうえん》（成都《せいと》盆地に水を分ける水利施設。現代ですら機能している）を整備し、国家の経済に影響の大きい塩・鉄の専売を展開する。蜀の特産品である錦の生産を拡大させ、金山・銀山の開発も進めた。益州ひとつしか持たない蜀漢が曲がりなりにも魏に対抗できたのは、これらの経済政策の成功が大きな要因にあった。

建興十二（二三四）年、諸葛亮は五度目の北伐に出征する。それに先立って、軍の行軍路の整備も重ねた。狭い桟道でも安定した兵糧輸送を可能にするため、木牛《もくぎゅう》・流《りゅう》

五丈原

現在の五丈原（写真／アフロ）

馬《ば》なる運搬車を開発したともある。用意は周到だった。

この諸葛亮の乾坤一擲《けんこんいってき》の出征に対し、魏の総司令となった司馬懿は、徹底した持久策を採る。一方の諸葛亮も無理攻めはしない。諸葛亮は地の利のある五丈原の台地上に布陣、司馬懿は備蓄の豊かな渭水《いすい》南岸に布陣。どちらも持久戦の構えである。

そのため戦線は膠着した。一向に隙を見せない司馬懿に諸葛亮が、女物の装束を贈って挑発したという逸話がある。また、司馬懿が焦れる諸将をなだめるために皇帝の勅命をも利用して一芝居をうったという逸話もある。五丈原の戦いと言えば異様な持久戦になった、という印象が歴史書を編む史家の間でも共有されていたことが窺える。

対峙すること百余日。はたして先に限界を迎えたのは蜀漢側だった。諸葛亮が激務のために倒れたのである。『魏氏春秋《ぎししゅんじゅう》』という歴史書は、この時の諸葛亮の様子を、「早朝に目覚め深夜に眠り、些細な刑罰も自ら執行し、食事の量も普通の数分の一だったとし、それを知った司馬懿は諸葛亮の命が長くないことを悟った」と記す。諸葛亮の孤軍奮闘ぶりをよく表現する記録である。

諸葛亮は病篤《あつ》く、そのまま陣中で没する。「最期には命を捨てる」と答えた通り、劉備に尽くし続けた後半生だった。時に五十四歳。奇しくも劉備が蜀の地に立ったのと同じ歳だった。

丞相諸葛亮を失った蜀漢軍は戦闘を継続できず、撤退する。しかし諸葛亮は司馬懿に一矢報いた。『漢晋春秋《かんしんしゅんじゅう》』に曰く、蜀漢軍が撤退すると司馬懿はただちに追撃した。すると蜀漢軍は軍旗を返して陣太鼓を打ち鳴らして、あたかも司馬懿軍を攻めようかという構えを見せた。司馬懿はまだ諸葛亮が生きているのではと疑い、あえて近づこうとしなかった。かくして蜀漢軍は退却した。そのため人々は、「死せる諸葛、生ける仲達を走らす」と言い合った。司馬懿は、「吾は生者なら相手にできるが、死者を相手にすることはできない」と言った、と。

終章

三国の終焉と物語の世界

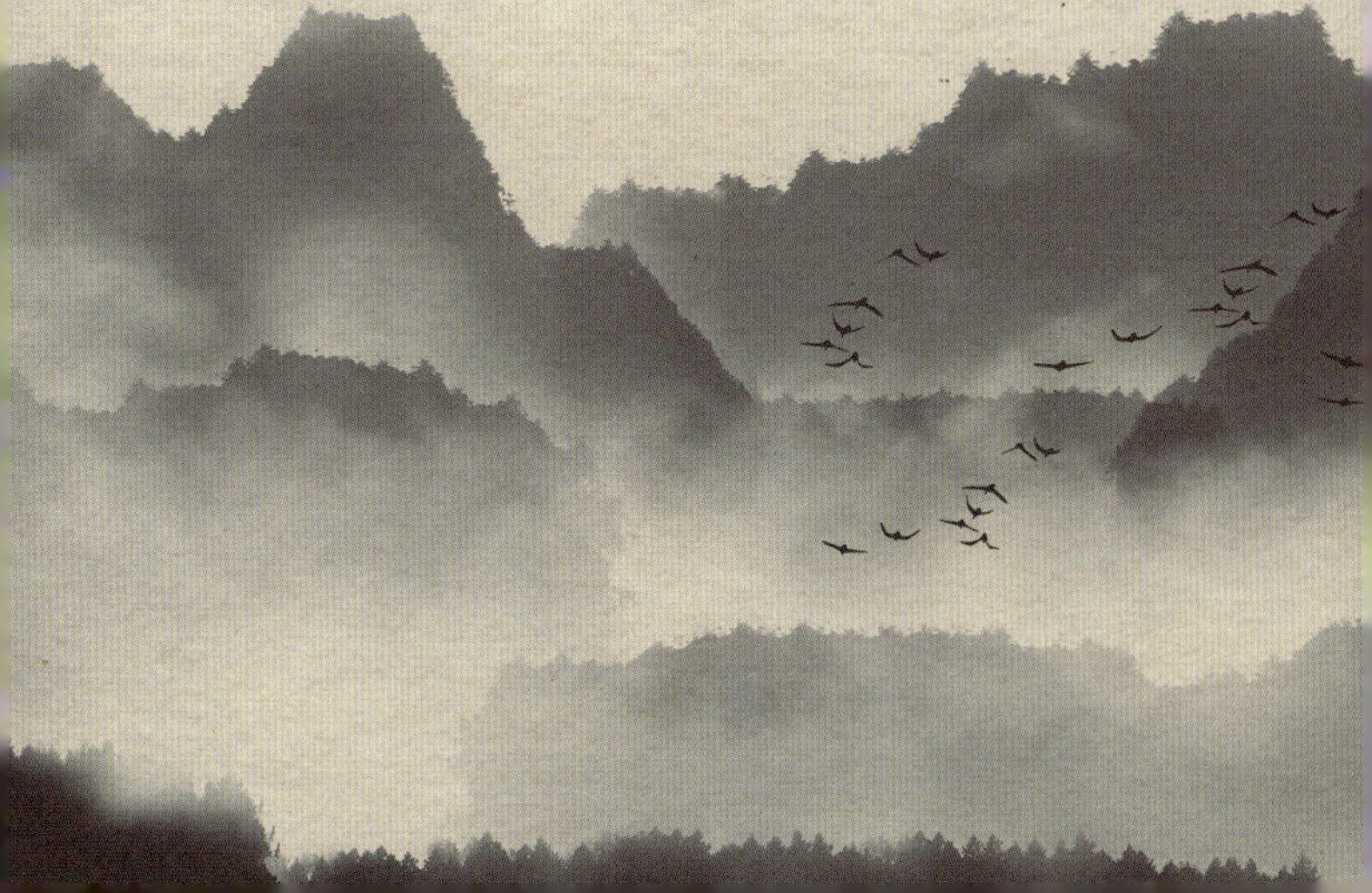

正始《せいし》の変

諸葛亮《しょかつりょう》の北伐《ほくばつ》を防ぎ切った司馬懿《しばい》は、国内で一層の影響力を持つようになる。と同時に、今まで以上に警戒される存在になった。そのため景初《けいしょ》三（二三九）年に曹叡《そうえい》が崩御し、三代皇帝に幼い曹芳《そうほう》が立つと、後事を託された宗室の曹爽《そうそう》は、次第に司馬懿を政権の中枢から遠ざけようと謀る。

司馬懿は、はじめは曹爽と表向き対立しようとしなかった。正始八（二四七）年には病気を理由に私邸に引きこもり、隠居するかのような態度を取る。かつて諸葛亮と対陣して辛抱強く待ち続けたように、どうも歴史書にある司馬懿はしぶとく老獪《ろうかい》なイメージが強い。曹爽一派の重臣が見舞いに訪れたとき、わざと呆《ほ》けた風に振るまい、曹爽を油断させたという逸話も残る。

正始十（二四九）年、曹爽が皇帝の行幸《ぎょうこう》に従い城外に出た隙に、司馬懿は一気に宮中を抑えるクーデターを起こす。曹爽はまるで対応できず、皇帝という切り札がなお手元にあったにも関わらず、わずか一日で司馬懿に屈した。これを正始の変と呼ぶ。

正始の変の成功により、司馬懿は魏《ぎ》の枢要をほぼ一手に握るに至る。この時の司馬懿はすでに七十一歳の高齢だった。

曹爽と司馬懿の対立の背景には、魏の成立後の「名士」の動向がある。曹操は、儒教に基づかない唯才《ゆいざい》主義で人材登用を行った。これに対し曹丕《そうひ》期には、中国史に名高い「九品中正制《きゅうひんちゅうせいせい》」が制定される。儒教に則した人物評価、つまり「名士」の価値基準が反映された人事制度であり、制定の中心となった陳羣《ちんぐん》もまたもちろん「名士」。「名士」は、曹操という君主権力から人事を取り戻していた。九品中正制は、唐《とう》代に科挙が出現するまで、人事制度の基準とされた。

人事権と同様に、当時の「名士」の影響力が拡大していたことが、軍事権からも見ることができる。曹操期には軍事の大権は、曹操自身か準宗室の曹氏・夏侯《かこう》氏に限定されていた。具体的に言うと、「都督《ととく》」というこの時代特有の軍事の要職が、曹仁《そうじん》や夏侯淵《かこうえん》のような古参の親類で占められていた。ところがそれが曹丕・曹叡期になるにつれ、陳羣や司馬懿といった「名士」の手にも移るようになる。君主権力の要たる軍事権の移行は、魏における「名士」の伸長を物語る。

そうして見た場合、宗室の曹爽が「名士」司馬懿の排除を狙ったことは、拡大する

「名士」に対する曹氏宗室の反撃であったと言うことができる。そして司馬懿は曹爽を打倒することでそれを断ち切り、魏における「名士」の優位を確立させる。

司馬懿

『絵圖三国演義』

政権を握った司馬懿は宗室派の諸臣を次々粛清し、「名士」を糾合して司馬氏の地位を盤石にしたのち、七十三歳でこの世を去る。

蜀漢《しょくかん》の滅亡

諸葛亮を継いで蜀漢の宰相となった蔣琬《しょうえん》が死に、さらにそれを継いだ費禕《ひい》が死ぬと、益州《えきしゅう》豪族たちの心は次第に漢から離れていく。前章で書いたように彼ら在地の豪族にとって、外来政権という点では往年の劉璋《りゅうしょう》も現在の蜀漢も変わらない。諸葛亮ら優れた統治者が健在だった頃はこれを慕いこそすれ、その遺志を継承して蜀漢の国是を遂行する意志は希薄だったし、現実にそれを実行することも困難だった。

その中で、費禕を継いで大将軍となった姜維《きょうい》は、北伐を断行し続けた。その才能は馬良《ばりょう》以上である、と諸葛亮から高く評価された姜維は、しかし涼州《りょうしゅう》の出身で、しかも魏からの降伏者であるため、荊州《けいしゅう》・益州出身者で構成される蜀漢政権に基盤を持たない。姜維は北伐という国是――自分を抜擢した諸葛亮の遺志に殉じることでしか、自らの正当性を示すことができなかった。

しかし、諸葛亮が繰り返し北伐を行うことができたのは、それを支える内政の充実があってこそである。姜維にそこまでの力はない。費禕が健在で大将軍だった頃、強硬に北伐を主張する姜維に対し、「丞相《じょうしょう》（諸葛亮）に遠く及ばない我らが、丞相ですら果たせなかった中原《ちゅうげん》の回復ができようか。まず国家を保ち、民を治めるにしくはない。僥倖《ぎょうこう》を恃《たの》みに決戦など考えてはならない」と言ったという。

姜維のもとで重ねられた北伐は、蜀漢の国力を疲弊させ、益州豪族との間に深刻な対立を生んだ。政権内の分裂に、皇帝の劉禅《りゅうぜん》も政務に倦み、黄皓《こうこう》のような身近な宦官を寵愛するようになる。

ゆえに魏の司馬昭《しばしょう》が鄧艾・鍾会《しょうかい》らに蜀漢平定を命じた時、蜀漢に抵抗する力はほとんど残っていなかったと言っていい。諸葛亮の子の諸葛瞻《しょかつせん》は鄧艾と戦って玉砕した。劉禅の子の劉諶《りゅうしん》は劉備廟《りゅうびびょう》の前で自刎《じふん》した。張飛《ちょうひ》の孫も討死した。関羽《かんう》の家は滅ぼされた。しかし劉禅は、成都《せいと》に迫る鄧艾《とうがい》軍に戦うことなく降伏した。炎興元《えんこう》（二六三）年のことだった。姜維はその後も乱を画策したものの、翌年には鎮圧されて死亡した。

降伏した劉禅は、洛陽《らくよう》に移住させられ、魏の賓客として礼遇された。ある日、司馬昭が劉禅に「蜀のことを思い出されますかな」と尋ねたところ、劉禅は、「この地は楽しく、蜀を思い出すことはありません」と答えた。さすがにと思った側近の郤正《げきせい》が、今後同じことがあればかくかくしかじか答えるよう諫《いさ》めると、劉禅はそっくりそのま

蜀漢の滅亡

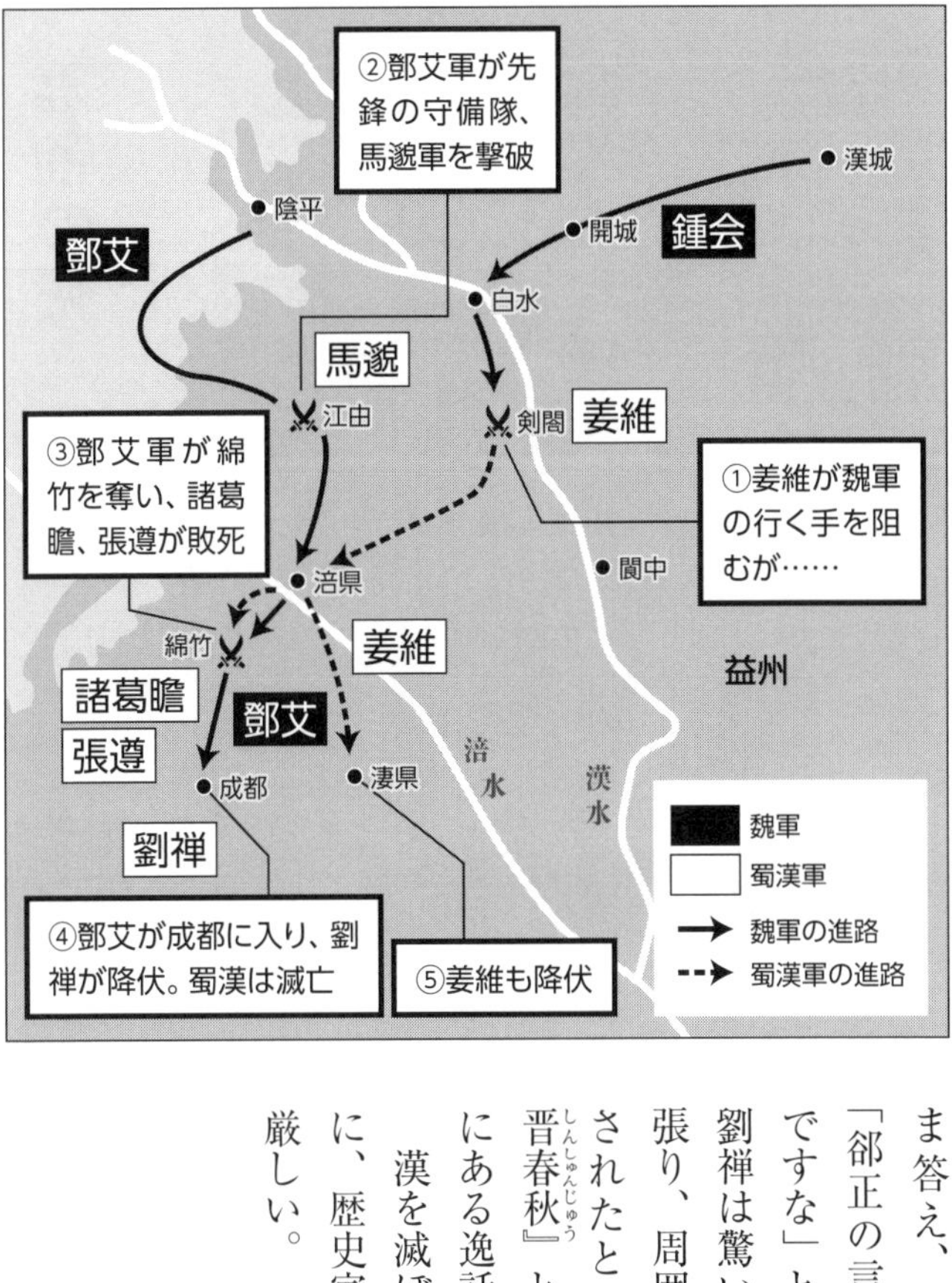

ま答え、司馬昭に「郤正の言葉どおりですな」と言われる。劉禅は驚いて目を見張り、周囲に大笑いされたという。『漢《かん》晋春秋《しんしゅんじゅう》』という史書にある逸話である。

漢を滅ぼした劉禅に、歴史家の評価は厳しい。

魏帝の死

司馬懿亡き後を継いだ子の司馬師《しばし》、さらに司馬師を継いだ弟の司馬昭は、父と同じように次々と旧曹爽一派を排除し、皇帝曹芳をも廃位させるなど、帝位すら左右する権力を振るう。

司馬氏の専横《せんおう》に対し、反司馬の叛乱《はんらん》も頻発したものの、いずれも鎮圧された。軍権が司馬氏ら「名士」に握られていたことがここからも窺える。

甘露《かんろ》五（二六〇）年、司馬氏に対する曹氏最後の抵抗とも言うべき、四代皇帝曹髦《そうぼう》による叛乱が起こる。皇帝の挙兵に従ったのは、近侍の奴隷などわずか数百人にすぎなかった。

それでも皇帝が自ら剣を振るうので、さすがに兵士はためらって近寄ることができない。だが司馬昭の腹心賈充《かじゅう》が「お前たちを養ってきたのは、まさに今日のためなのだぞ」と大喝《だいかつ》すると、官吏のひとりが戈《ほこ》を手に進み出る。皇帝は玉体を貫かれて崩御した。

(写真／アフロ)

皇帝弑殺《しいさつ》は国家の大罪の最たるもの、しかも挙兵した皇帝を討ち取るという前代未聞の事件にも関わらず、司馬昭はもちろん、命を下した賈充すらも罰せられなかった。気の毒なひとりの官吏は処刑されたが。

また『三国志』はこの大事件を、「高貴郷公《こうききょうこう》卒《しゅっ》す。年二十」としか記さない。「高貴郷公」は、曹髦が皇帝に即位する前の称号。また「卒」は、本来は臣下の死を表す字であり、皇帝の死には「崩」の字を使わなくてはならない。『三国志』は事件のことを記さないばかりか、死んだ曹髦の皇帝としての正統性も否定するのである。司馬氏による晋《しん》で編纂された『三国志』には、その司馬氏の大罪である皇帝弑殺の事実を書くことができなかった。

陳寿《ちんじゅ》の限界がここにある。曹髦の悲劇は、裴松之《はいしょうし》が引用する後世の歴史書を見てはじめて知ることができる。

景元《けいげん》四（二六三）年、蜀を滅ぼして十全の栄誉を得た司馬昭は、曹操の故事に倣い、晋王《しんおう》に封じられる。ただし司馬昭は急逝し、咸熙《かんき》二（二六五）年、跡を継いだ司馬炎《しばえん》が五代皇帝曹奐《そうかん》から禅譲を受けたことで、晋王朝が成立する。皮肉なことに、魏は自らが確立した禅譲の故事によって滅亡した。

天下一統

遡ること黄龍《こうりゅう》元（二二九）年、皇帝に即位した孫権《そんけん》は、君主権力の強化に努める中で、次第に「名士」と対立を深める。張昭《ちょうしょう》とのいがみ合いはそれを象徴する。ある時、両者は外交問題で対立し、果ては張昭が邸宅に籠り、孫権がそれに火を放つ事態に発展する。その中で孫権は、「呉《ご》の官僚は宮中では私を拝するが、外に出れば張昭を拝する」と嘆いた。「名士」の持つ社会的権威が、君主権力に匹敵しうるものとして怖れられていたことを物語る。

こうした「名士」との争いが遠因になったか、あるいは六十を越えた孫権の惑いによるものか。孫権の治世末期に、十年近くに渡って呉を二分した「二宮《にきゅう》の変」という後継問題が起こる。この政変を原因として、陸遜《りくそん》をはじめとした重臣の多くが世を去る。孫権もまた神鳳《しんほう》元（二五二）年に、政変を鎮めきらないままに崩御した。七十一歳という、父孫堅《そんけん》や兄孫策《そんさく》に比べれば大幅な長命だったが、遺した負債は膨大だった。この後、孫亮《そんりょう》・孫休《そんきゅう》の二代で呉は衰退の一途を辿る。

そして蜀・魏の滅亡と前後して即位した四代皇帝の孫晧《そんこう》は、はじめこそ俊英の誉れ高かったとされるが、やがて暴君へと変貌する。些細なことで残虐な刑に処し臣下に対する監視を強め、官僚の自由な通婚を禁じてその子女を後宮に納めさせたなど、孫晧の暴走を示す逸話は数多い。もちろん、そこには亡国の君主に対する史料的な偏りがあるのだろう。それを差し引いて孫晧の政治を見た場合、後期の孫権を引き継いだ君主権力の強化と考えることもできる。事実、政変が続いた呉にあって孫晧はそれでも十六年間、皇帝の位を守った。もっとも孫晧が永らえた理由のひとつには、新王朝を樹立したばかりの西晋《せいしん》が統治を安定させるのに時間をかけたという事情もあった。

天紀三（二七九）年、西晋の皇帝司馬炎自身が孫呉《そんご》討伐の断を下すと、十一月に始まった討伐は、破竹の勢いで呉を蹂躙《じゅうりん》。翌年、孫晧は晋に降伏した。

かくして黄巾《こうきん》の乱からおよそ百年がたち、天下は西晋によって再び統一された。

しかし西晋にも問題が山積していた。司馬炎没後、後継問題に端を発する大規模な内乱「八王《はちおう》の乱」と、北方異民族の侵入による「永嘉《えいか》の乱」により、西晋は統一からたったの四十年足らずで滅亡する。以降、華北《かほく》は異民族王朝が乱立する五胡十六国《ごこじゅうろっこく》時代を迎え、一方の江南《こうなん》では晋の亡命政権である東晋《とうしん》が成立して六朝《りくちょう》時代に入る。

呉の滅亡

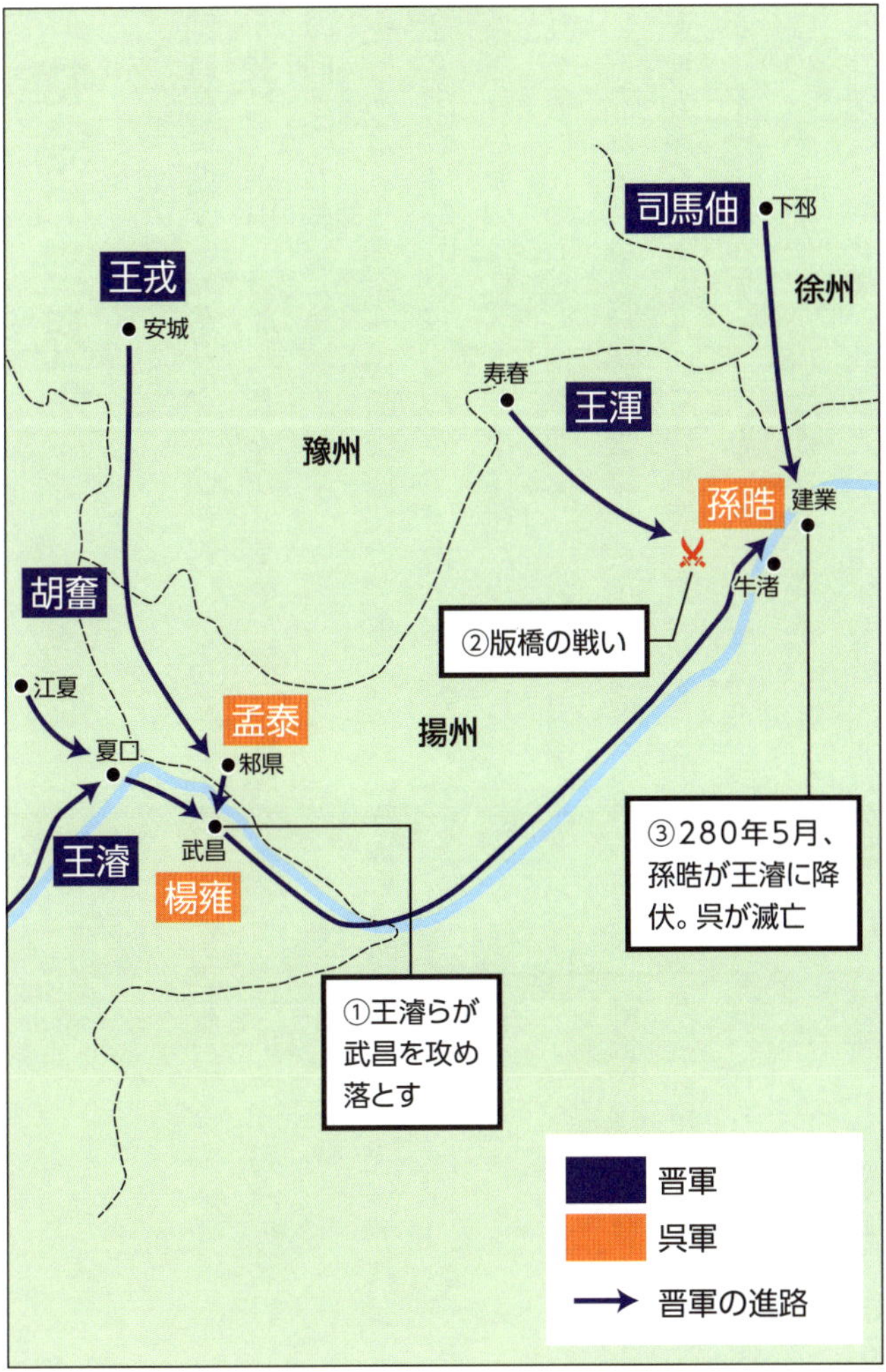

司馬伷
下邳
徐州
王戎
安城
寿春
王渾
豫州
孫皓
建業
牛渚
②版橋の戦い
胡奮
江夏
孟泰
揚州
夏口
郛県
武昌
王濬
楊雍
③280年5月、
孫皓が王濬に降
伏。呉が滅亡
①王濬らが
武昌を攻め
落とす
晋軍
呉軍
晋軍の進路

物語の世界へ

三国時代に関する記録は、三国からほどなくして物語的な色彩を帯びていく。

まず裴松之が引く異聞の数々が、すでにその傾向を強く持っていた。蜀漢の名将、趙雲《ちょううん》の例はその典型と言える。

正史である『三国志』の趙雲伝には、実は趙雲の詳細な活躍はあまり記録されない。なにせ文字数にして、たったの二四六字しかない。そこから窺える人物像は、劉備から信頼された親衛隊長のような存在だったらしい、という程度である。

これが裴松之の引く『趙雲別伝《ちょううんべつでん》』という歴史書になると、趙雲の人物像がぐっと具体的に描かれる。そこでの趙雲は、武勇に秀でるだけでなく、劉備に理性的に諫言《かんげん》をし、道理も深く弁《わきま》えるという智勇兼備の武人として描かれる。分量も趙雲伝本文よりはるかに多い。現在では三国志でもっとも人気が高い人物とも言われる趙雲の人物像は、この『趙雲別伝』の影響がかなり大きい。

『趙雲別伝』に限らず、裴松之が引用する歴史記録の数々は、物語としても魅力的なものが非常に多い。裴松之は、歴史学的に大きな貢献をするだけではなく、後世の三国志の物語に豊かな奥行きをもたらしたという点でも、きわめて大きな役割を果たした。裴松之の注釈からのちに『三国志演義《えんぎ》』に採用されたエピソードは数えきれない。

また『三国志演義』に対する影響力で言えば、裴松之とほぼ同時期に編纂された『世説新語《せせつしんご》』という歴史書も忘れることができない。これは古今の人物エピソード集とも言うべきものだが、三国時代の人物を取り上げることがかなり多い。どうも六朝時代の人々にとって、三国時代に関する説話はずいぶんと興味をそそられたらしい。

唐や宋《そう》の時代になると、これらを源流にする講談や芝居が流行した。次の話は、この時期の三国志物語の様子を伝えるものとして頻繁に例に出されるものである。

蘇軾《そしょく》『東坡志林《とうばしりん》』

巷の少年たちは、家でもてあまされると、銭を与えられ歴史語りを聴きに出された。話が三国志のことに及ぶと、少年たちは劉備が負ければ眉をひそめて涙を流し、曹操が敗れると聞くと喜んで喝采を挙げた。

これは北宋《ほくそう》の頃の話だが、この時にはすでに劉備が善玉、曹操が悪玉という物語の骨子が出来上がっていたことがわかる。

北宋の都市には、瓦子《がし》と呼ばれた盛り場が町中にあり、そこではさまざまな芸能が演じられたという。それらの催しの中で、三国志物はとくに人気が高かったと伝わる。白話《はくわ》小説（口語調の通俗小説）として有名な『水滸伝《すいこでん》』の中にも、劇中で李逵《りき》たちが三国志物の講談を聴く場面が描かれている。ちなみにそこで演じられていたのは関羽の物語だった。

こうした芸能が爛熟し、本格的な演劇などに深化していく中で、人気の題材だった三国志物も物語としての完成度を高めていく。その集大成が、羅貫中《らかんちゅう》による白話小説『三国志演義』なのである。

三国志、劉備軍の面々

白帝城内に作られた劉備軍の面々。右端が趙雲（写真／アフロ）

「義」の追求

ただし『三国志演義』は通俗的な物語の中では、知識人向けとしての性格をかなり強く持つ。

たとえば、『三国志演義』より以前の物語だと、劉備・関羽・張飛の中では飛びぬけて張飛の人気が高かった。そこでの張飛の活躍はまさに八面六臂《はちめんろっぴ》、ともすれば荒唐無稽なくらいに大暴れする。

『三国志演義』の原型のひとつとされる『三国志平話《へいわ》』では、張飛は主人公と言っていい活躍を見せる。さまざまな事件に首を突っ込んでトラブルを作っては、自分の腕一本でそれを解決してしまう。ほとんど張飛ひとりの力でストーリーが動かされていると言っても過言ではない。正直に言って、物語としての完成度はさほど高くない。かなり粗削りである。ただこのような張飛の姿こそが、当時の民衆が求めた英雄の姿だった。全編を通して大暴れ、権力者を腕力で成敗する張飛に、民衆は喝采を送ったのだろう。『三国志平話』は粗削りであるが、粗削りであるがゆえに読み手の想いがありありと映し出されている。

これに比べると『三国志演義』の張飛は、相当に大人しい。『三国志演義』が『三国志』などの歴史書に寄せて、物語から荒唐無稽さを抜き取った結果である。そして張飛に代わってクローズアップされるのが、正しい「義」の体現者関羽である。

その極北に、毛宗崗《もうそうこう》版『三国志演義』がある。

そもそも『三国志演義』は成立後も、絶えず変化し続けてきた。中国の白話小説は、さまざまな人の手で出版を繰り返される過程で、その都度物語の細部が書き換えられることが多い。『水滸伝』のように、版によって全体の構成からして違う作品すらある。『三国志演義』はさすがにそこまでの違いはないものの、特定のエピソードが増やされたり削られたり、キャラクター像に若干の差があったりする。

今の私たちが普通目にする『三国志演義』は、その『三国志演義』の歴史では晩期に作られた、清《しん》代の毛綸《もうりん》・毛宗崗父子が改訂した版である（以下、毛宗崗本）。現在の日本で出版されている翻訳本も、基本的にすべてこの毛宗崗本を底本にしている。

毛宗崗本は、『三国志演義』に含まれるあるべき「義」の正しさを徹底した本である。そこでの関羽は完璧の英雄として描かれている、というより関羽自身が「完璧」

の模範にされている。

毛宗崗は序文で、三国志には三人の注目すべき英雄がいると説明する。智謀の絶《きわみ》である諸葛亮、奸雄の絶である曹操、義の絶である関羽である。しかし毛宗崗は三人を並べながら、作中では明らかに関羽を描くことにもっとも力を注いでいる。毛宗崗がそこまで関羽に入れ込むのは、関羽への信仰（関帝信仰）が頂点に達していたという社会的な状況もある。毛宗崗は関羽を描くことによって、読者に正しい「義」のあり方を伝えようとする。

その輝かしいばかりの毛宗崗本の哲学性は、しかし個人的な好みで言うと——物語としての面白みに欠ける。物語としては毛宗崗本より前の版の方が純粋に楽しく読めると思う。それでも、「義」の表現に全力を傾ける毛宗崗本の力強さにもまた、ある種の読者を惹きつける魅力があるとも思う。

三国志の主な主人公たち

写真／シャッターストック

日本での『三国志演義』受容

『三国志演義』は、かなり早い段階で日本にも伝わった。もっとも古い記録だと、少なくとも江戸時代初期にはもう伝わっている。

そして元禄の頃には、『三国志演義』の全訳本である『通俗三国志《つうぞくさんごくし》』が出版された。世界的に見ても、二番目に古い『三国志演義』の全訳である（ちなみに一番古いのは満州語訳）。

『通俗三国志』はとにかくよく読まれた。江戸時代なかばに出版されてから近代の昭和初期に至るまで、日本人はこの翻訳を通して『三国志演義』で読んだ。後には他に翻訳が出版されたこともあったが、『通俗三国志』（もしくはそのダイジェスト版）のシェアには遠く及ばなかった。その存在は三国志の枠を超えて、江戸時代に流行った通俗軍記物の先駆けとなり、また手本のひとつとなった。

これを継承して書かれたのが、三国志ファンにはよく知られた吉川英治の『三国志』である。

吉川が『三国志』を書いた戦時中は、さすがに訓読調だった『通俗三国志』の文体は読みづらかったらしく、吉川版『三国志』はそれを大衆小説というフォーマットで書き直した作品と言っていい。吉川は自身の創作を盛り込むことはほとんどなく、『通俗三国志』に（ひいては『三国志演義』に）忠実に物語を書いた。発表当時、自分の仕事は「翻訳」だとも言っている。

ただ一方、大きなストーリーは別として、細かい部分では随分と表現に工夫を凝らしている。とくに、外国の文学である『三国志演義』のうちで、当時の日本人には理解しづらいところに丁寧な変更をしている。たとえば、関羽の描写はかなり淡泊にされた。吉川には（もしくは吉川が想定する読者層には）、関羽の「義」や関帝信仰を背景にする表現は理解が難しかった。

対して、諸葛亮と曹操のキャラクターには力がこもっている。とくに曹操は、当時の日本人の感性には特別に魅力的な悪役に思えたようで、吉川は曹操を、『三国志演義』からは大きく逸脱しない範囲で、それでも人間性豊かな英雄として描きなおした。三国志が現代日本にも人気を博す普遍性を手にしたのは、吉川の力に負うところが大きい。

（写真／アフロ）

吉川英治以後になると、『三国志演義』の価値観に捉われない独創的な作品が作られるようになる。陳舜臣《ちんしゅんしん》『秘本三国志《ひほんさんごくし》』、北方謙三『三国志』、王欣太《きんぐごんた》『蒼天航路《そうてんこうろ》』、コーエーテクモゲームスの「真・三國無双」シリーズと、月並みな表現だけれど枚挙に暇がない。彼らにとってはもう正史『三国志』も『三国志演義』も、自らが作品を作る手がかりのひとつにすぎず、その上に自己の物語を築き上げていく。一八〇〇年も昔の三国時代の物語が、今もこうして日本で再生産され続けている大きな原動力のひとつがその独創性にあると個人的には思う。

これらに共通して言えることのひとつが、その多くがそれぞれの時代の流行のメディア・サブカルチャーの上に作られていること、もしくはそれを牽引する存在になっていることである。それは現代で言えばあるいは漫画であり、あるいは映像作品であり、あるいはゲームである。『通俗三国志』の頃で言えば通俗軍記物であったし、吉川英治の頃で言えば大衆小説であったし、またさらに遡れば、説話であり講談であり演劇であり白話小説であった。どうも三国志には、最先端のカルチャーを魅了する力があるらしい。おそらくこれからも日本では（もちろん中国でも）、無数の三国志の物語が作られていくことだと思う。

三国志年表

西暦	後漢・曹魏	蜀漢	孫呉
8年	前漢が滅亡		
25年	後漢が成立		
184年	黄巾の乱勃発。曹操が討伐軍に参加	劉備が義勇兵を率いて挙兵	孫堅、朱儁の配下として黄巾討伐軍に参戦
189年	董卓が少帝を廃し、献帝を擁立		
190年	董卓が洛陽を炎上、長安に遷都		陽人の戦いで孫堅が活躍
192年	呂布が董卓を殺害。曹操が兗州で黄巾の残党を平定		孫堅が劉表との戦いで戦死
194年		劉備が徐州を譲り受ける	
196年	曹操が許に献帝を迎える	呂布が劉備から徐州を奪う	
197年	曹操が袁術を撃破		孫策、この頃までに江東地域を掌握。
198年	曹操が呂布を滅ぼす		
199年	袁紹が公孫瓚を滅ぼす		
200年	献帝による曹操暗殺計画が発覚。曹操が官渡の戦いで袁紹を撃破	関羽が一時曹操のもとに	孫策が急死、弟の孫権が跡を継ぐ
201年		劉備が荊州の劉表のもとに	

207年	曹操、烏丸討伐に成功	劉備が三顧の礼で諸葛亮を配下に	
208年	曹操、赤壁の戦いで敗北	長坂の戦いで、趙雲、張飛が曹操軍の進撃を止める 赤壁の戦いで、劉備・孫権軍が曹操軍に大勝 劉備が荊州に入る	周瑜・程普が赤壁にて曹操を打ち破る
209年		劉備が孫権の妹を娶る	
211年	馬超・韓遂が反曹操の挙兵		
214年		劉備が劉璋を降し、益州を得る	荊州の領有をめぐって劉備と対立
215年	曹操が漢中を平定	孫権と和解	合肥で張遼に敗北
216年	曹操が魏王に即位する		
219年	関羽が樊城を包囲 樊城の救援に徐晃が派遣され、関羽の軍勢を撃破	劉備、曹操軍を破り、漢中王に即位する 関羽が孫権軍に敗れ、死去	呂蒙を指揮官として荊州南郡を攻略
220年	曹操が病死 曹丕が帝位に即く 魏の建国 後漢が滅亡		

西暦	後漢・曹魏	蜀漢	孫呉
221年		劉備が帝位に即く 蜀漢の建国	曹丕が孫権を呉王に封建する
222年			陸遜が夷陵の戦いで劉備を撃破
223年	曹仁・曹彰・賈詡が病死	劉備が白帝城で病死	朱桓が濡須口の戦いで曹仁を撃破
225年		諸葛亮が南征	
226年	曹丕が病死		士燮が死に、呉が南方支配を強化
227年		諸葛亮が「出師表」を奉る 北伐の開始	
228年			石亭の戦いで魏を破る
229年			孫権が帝位に即く。呉の建国
234年		五丈原の戦い 諸葛亮が陣中で没する	
237年	公孫淵が魏に対し反乱		
249年	司馬懿が正始の変で政権を握る	姜維による北伐	
252年			孫権が病死
263年		劉禅が魏に降伏 蜀漢が滅亡	

265年	司馬炎が晋（西晋）を建国 魏が滅亡		
280年	晋が中国を統一		孫晧が晋に降伏。呉が滅亡
291年	八王の乱が勃発	劉淵が趙漢を建国（304年）	
316年	西晋が滅亡		司馬睿が東晋を建国
420年			劉裕が宋を建国 東晋が滅亡

【主な参考文献】

石井仁『魏の武帝　曹操』（新人物文庫、二〇一〇年）
稲葉一郎『中国の歴史思想』（創文社、一九九九年）
柿沼陽平『劉備と諸葛亮　カネ勘定の『三国志』』（文春新書、二〇一八年）
金文京『三国志演義の世界【増補版】』（東方書店、二〇一〇年）
雑喉潤『三国志と日本人』（講談社現代新書、二〇〇二年）
仙石知子『毛宗崗批評『三国志演義』の研究』（汲古書院、二〇一七年）
福原啓郎『西晋の武帝　司馬炎』（白帝社、一九九五年）
満田剛『三国志　正史と小説の狭間』（白帝社、二〇〇六年）
満田剛監修『図解三国志　群雄勢力マップ』（インフォレスト、二〇〇九年）
森本淳『三国軍制と長沙呉簡』（汲古書院、二〇一二年）
渡邉義浩『三国志　演義から正史、そして史実へ』（中公新書、二〇一一年）
渡邉義浩『関羽　神になった「三国志」の英雄』（筑摩選書、二〇一一年）
河南省文物考古研究所編著、渡邉義浩・谷口建速訳『曹操墓の真相』（国書刊行会、二〇一一年）

とくに本文でもたびたび名前を挙げた石井・柿沼・満田・渡邉四氏の著作に、本書は負うところがとても大きい。

監修○渡邉義浩（わたなべ よしひろ）
1962年東京都生まれ。1991年、筑波大学大学院博士課程歴史・人物学研究科修了。「後漢国家の支配と儒教」で文学博士。北海道教育大学助教授、大東文化大学文学部教授を経て、早稲田大学文学学術院教授。早稲田大学理事。専門は古典中国学。三国志学会事務局長。著書に『三国志　演義から正史、そして史実へ』（中公新書）、『三国志「その後」の真実』（共著、ＳＢ新書）、『始皇帝　中華統一の思想「キングダム」で解く中国大陸の謎』（集英社新書）など多数。

編集○小林大作、池田双葉
本文デザイン&DTP○株式会社ユニオンワークス

執筆○袴田郁一（はかまだ ゆういち）

宝島社新書

カラー版 史実としての三国志
（からーばん　しじつとしてのさんごくし）
2019年7月22日　第1刷発行
2022年11月21日　第2刷発行
監　修　渡邉義浩
発行人　蓮見清一
発行所　株式会社 宝島社
〒102-8388 東京都千代田区一番町25番地
電話：営業　03(3234)4621
編集　03(3239)0927
https://tkj.jp
印刷・製本：株式会社 光邦

ISBN978-4-8002-9592-7